國立中央圖書館出版品預行編目資料

羅門論文集 / 羅門著. -- 初版. -- 臺北市：文史哲, 民84
面； 公分. -- (羅門創作大系；8)
ISBN 957-547-948-3(平裝)

1. 詩 - 評論

812.18　　84003305

羅門創作大系 ⑧

羅門論文集

著者：羅門
出版者：文史哲出版社
登記證字號：行政院新聞局局版臺業字五三三七號
發行人：彭正雄
發行所：文史哲出版社
印刷者：文史哲出版社
台北市羅斯福路一段七十二巷四號
郵撥〇五一二八八一二彭正雄帳戶
電話：三五一一〇二八
實價新台幣三五〇元
中華民國八十四年四月十四日初版

ISBN 957-547-948-3

羅門創作大系〈卷八〉

羅門論文集

羅　門　著

文史哲出版社印行

誠以這系列中的十本書，做為禮物，獻給同我生活四十年、在創作中共同努力、給我幫助最大的妻子——女詩人蓉子。

每當我讀她的「一朵青蓮」與「維納麗沙組曲」等詩，那是我同其他詩人都無法只靠技巧與文字所能寫的詩——那是在人類高次元的情思世界中、以特有的內在生命機能與心靈纖維，所編織的具體可知、可感、可見的「雅典」「純摯」與「高潔」的情境，蘊含有宗教性的虔誠，在開放的內心感應磁場中，我的感動確實是超越常情與私情的；純粹是站在「詩」與「人」溶合的「天地線」上，所引起的；也不必在此故意隱瞞，因而，我這十本書，便不只是獻給我親愛的妻子——王蓉芷，也是獻給我敬愛的女詩人——蓉子。同時更是獻給所有愛護與關心我的讀者大眾，給我更多的批評與鼓勵，

羅　門

策畫者的話

◉林燿德

規畫這套書的目的，在於呈現羅門四十年來詩與藝術創造世界的完整藍圖。

從一九五四年在紀弦主編的《現代詩》上發表〈加力布露斯〉開始，羅門殫精竭力於建築自己龐碩的精神世界，發展獨樹一幟的「第三自然觀」，不僅以結構嚴謹、氣勢磅礡的詩作享譽於海內外，也在文學的哲學、藝術的批評乃至室內造型設計方面有長久的經營。

在四十年的光陰中，有些出版品早已絕版多時，為了集中展示羅門的精神原貌，提供現代詩研究者及愛好者參考品賞，《羅門創作大系》這種系列式的整編自有其必要。

卷一至卷六等六冊是按主題區分的詩集；卷七集中了關於〈麥堅利堡〉這首名作的迴響；卷八是記錄羅門思想的論文集；卷九是藝術評論集；卷十以匯集了燈屋的造型空間設計以及羅門與蓉子多年來的藝文生活影像。

一九九五年是羅門、蓉子結縭四十周年紀念，這套大系的編印在此時推出，也因而別具意義。

一九九五年三月十四日於臺北

羅門創作大系〈卷八〉

羅門論文集　目　次

I

II

III

IV

I

●詩與藝術，需要智識，但詩與藝術不是製造智識，而是創造生命與智慧。

只提著智識各色各樣的鳥籠，到詩與藝術的生命天空去抓鳥，便得當心，很可能抓的是解剖室手術臺上的一隻死鳥。

羅門

打開我創作世界的五扇門

第一扇門：「詩在人類世界中的永恒價值」

詩使所有的生命獲得本質的美好的存在與最高的境界；詩人已被認明是生命的另一個造物主

（羅門）

關於「詩」，這一被認爲是人類生命與心靈活動最靈敏、深微、極緻與登峰造極的思想力量；也是人類智慧的精華；甚至被認爲是藝術家、文學家、哲學家、科學家、政治家、宗教家乃至「神」與「上帝」的眼睛，那是因爲「詩」具有無限與高視力的靈見，能看到世界上最美、最精彩乃至永恆的東西。故曾有不少著名人物讚言過「詩」：

● 孫星衍的《孔子集語集解》說：「詩，天地之心，君德之祖，百福之宗，萬物之戶也。」（見太平御覽八百四引詩緯含神霧）。

● 亞利斯多德說：「詩較歷史更有哲學性，更爲嚴肅……」「詩有助於人性的倫理化」（顏元叔教授譯的「西洋文學批評史」二二頁與三六頁）。

● 法國詩人阿拉貢說：「詩，不是天國的標誌；詩就是天國」（我個人早年的讀書筆記）。

● 杜斯妥也夫斯基說：「世界將由美來拯救」（見張肇祺教授著的「美學與藝術哲學論集31頁）。此處提到的「美」字，使我想到詩將生命與一切推上美的巔峰世界這一看法時，那不就是等於說「世界將由詩來拯救」。

● 美前故總統肯奈迪也認為詩使人類的靈魂淨化。

事實上，詩在昇華與超越的精神作業中，一直是與人類的良知、良能、人道、高度的智慧以及眞理與永恆的感覺連在一起的，故「有助於人性的倫理化」以及在無形與有形中，「將拯救這個世界」與人類；並使這個世界與人類，活在有更美好的內容與品質之中。

誠然在這個世界上，若沒有詩，則一切的存在，都只是構成現實世界中的種種材料，譬如自然界中的山只是山，水只是水，都只是構成「自然界」種種材料性的物體；人的世界中，從事各種行業的人，都只是構成「現實生活世界」有不同表現與成就的各種個體，尚不能獲得其內在眞正完美與超越的生命。這也就是說，若沒有詩，一切存在便缺乏美好的境界；陶淵明筆下的「採菊東籬下」，便像普通人採菊東籬下一樣，只是止於現實中一個有限的存在現象，不會聯想到「悠然見南山」的那種超物與忘我的精神境界，而擁抱到那與整個大自然共源的生命，超越時空而存在；王維也不會在觀看「江流天地外」，正在出神時，進入「山色有無中」的那種入而與之俱化的境界，而擁抱無限。

可見詩是賦給人存在的一種最卓越的工具，幫助我們進入一切之內，去把握存在的完美性與無限性。因此，詩也是使一切進入其存在的「天國」之路，如果這個世界確有眞正的「天國」。我深信，當人類在二十世紀對生命的存在，有了新的覺醒與體認，若仍堅持信上帝、神與天堂是人類生存所企望與嚮往的世界，同時也認爲神與上帝是宇宙萬物生命的永恆與完美的象徵，則詩人超越的心靈工作的過程與完成，便正是使一切轉化與昇華到這一類同的世界裏來。事實上，一個偉大的詩人，在人類的內心世界中，已被認明是一個造物主，它不但創造了「生命」，而且擴展與美化了生命存在與活動的無限境界，並創造了內心另一個華麗壯闊的精神「天堂」。

的確，詩人在人類看不見的內心世界中創造了多項偉大不凡的工程：

1. 創造了「內心的活動之路」

詩人在創作的世界中，由「觀察」至「體認」至「感受」至「轉化」至「昇華」的這條心路，不但可獲得作品的生命，而且也可使萬物的存在獲得內在無限美好與豐富的生命。

譬如當詩人看到一隻廢棄在荒野上的馬車輪，由於他的靈視能透過詩中的「觀察」「體認」「感受」「轉化」與「昇華」，這一「內心的活動之路」，便深一層看到那隻馬車輪，竟是轉動萬物的輪子，也是一條無限地展現在茫茫時空中的路——從它輪子上殘留下來的泥土看，可看到它通過無限空間所留下的痕跡與聲音，從它輪子上生鏽的部份看，可看到與聽到它通過無限時間所留下的痕跡與聲音；當它此刻停放在無邊的荒野上，被詩人望成一種路，這種「路」，便絕非是現實世界中看到的具形與有長度的「路」，而是向內「轉化」與「昇華」爲萬物生命在時空裏無終止地逃奔與流浪的那種看不見起點與終點，也難指出方向的「路」——展示於靈視世界中的「路」，這種「路」，是吞納所有的鞋印輪印以及一切動向與涵蓋千蹤萬徑的「路」，引人類朝著茫茫的時空，走入了深深的「鄉愁」，因而觸及那含有悲劇性與震撼性的存在的思境，獲得那「轉化」與「昇華」過後的更爲深入與富足的存在境界。又如詩人T.S.艾略特面對黃昏的情景，聯想成「黃昏是一個注進痲醉劑躺在病床上的病人」，那便是將「黃昏」這一近乎抽象的時間視覺形態，置入深入的「觀察」、「體認」與「感受」中，「轉化」與「昇華」爲具有神態與表情的生命體而存在了，使我們可想見到整個大自然的生命，在此刻已面臨沉落與昏迷之境，而產生無限的感懷；又譬如詩人在面對死亡，寫出了「你是一隻跌碎的錶，被時間永遠解雇了」，詩中「跌碎的錶」，它將去記錄那一種形態的時間呢？詩中的「被時間解雇了」的生命，它將到那裡去再找工作呢？它將是何種形態的生命？沿著內心的追問，我們便的確可聯想到那消失於茫茫時空中仍發出強大迴聲的悲劇性的生命了，因而覺知到「死亡」竟也是一個感人的強大的生命體，這與詩人里爾克筆下『死亡是生命的成熟』，是一樣耐人尋味了。

又譬如當現代詩人寫下「群山隱入蒼茫」，或寫下「凝望較煙雲遠」，其詩句中的「蒼茫」與「凝望」，原屬爲沒有生命的抽象觀念名詞，但這個名詞，在詩中經過詩人藝術心靈的轉化作用，便不但獲得其可以用心來看的生命形體，而且也獲得其超物的更可觀的存在了。

從以上所舉的詩例，可見萬物一進入詩人創造的「內心活動之路」——由「觀察」至「

體認」至「感受」至「轉化」至「昇華」，則那一切便無論是有否生命（乃至是觀念名詞）都一概可獲得完美豐富甚至永恆存在的生命。

2. 詩人創造了「存在的第三自然」。

首先，我們知道所謂「第一自然」，便是指接近田園山水型的生存環境；當科學家發明了電力與蒸氣機等高科技的物質文明，開拓了都市型的生活環境，自然界太陽自窗外落下，電氣的太陽便自窗內昇起，再加上「人爲」的日漸複雜的現實社會，使我們便清楚地體認到另一存在的層面與樣相——它便是異於「第一自然」，而屬於人爲的「第二自然」的存在世界了。

很明顯的，第一與第二自然的存在世界，雖是人類生存不能逃離的兩大「現實性」的主要空間，但對於一個探索與開拓人類內在豐富完美生命境界的詩人與藝術家來說，它卻又只是一切生命存在的起點。所以當詩人王維寫出「江流天地外，山色有無中」、艾略特寫出「荒原」，我們便清楚地看到人類活動於第一與第二自然存在世界中，得不到滿足的心靈，是如何地追隨著詩與藝術的力量，躍進內心那無限地展現的「第三自然」而擁抱更爲龐大與豐富完美的生命。詩人王維在創作時是使內心與「第一自然」於和諧中，一同超越與昇華進入物我兩忘的化境，使有限的自我生命匯入大自然龐大的生命結構中，獲得無限；詩人艾略特在創作時，是與第一或第二自然於衝突的悲劇感中，使「生命」超越那存在的痛苦的阻力，而獲得那受阻過後的無限舒展，內心終於產生一種近乎宗教性的執著與狂熱的嚮往——這種卓越的表現，它不就是上帝對萬物存在於完美中，最終的企盼與祈求嗎？的確，當詩人的心靈活動，一進入以美爲主體的「第三自然」，便可能是與「上帝」華美的天國爲鄰了；同時我深信，只有當人類的心靈確實進入這個以「美」爲主體的「第三自然」，方可能擁抱生命存在的深遠遼闊與無限超越的境界；方可能能步入內在世界最後的階程，徹底了解到「自由」、「眞理」、「完美」、「永恒」與「大同」的眞義，並認明「人」與「自然」與「神」與「上帝」終歸是存在於同一個完美且永恒的生命結構之中。可見詩創造的「第三自然」世界的偉大與非凡。

3.詩人創造了一門生命與心靈的大學問

譬如科學家面對「海」的存在，是在研究海存在的物理性——海的水質、鹽份、海的深廣度、海的產物、海的四季變化等。而詩人則多是坐在海邊觀海，把海看到自己的生命裡來，把自己的生命，看到海裡去；看到海天間的水平線，便發覺那是「宇宙最後的一根弦」；看到海上一朵雲在飄，便聯想「雲帶著海散步」，悠哉遊哉，畫面便也跟著顯映出王維與老莊來；凝望著海圓寂的額頭，便會聯想到哲人愛恩斯坦與羅素等人的額頭；將藍藍的海，看成宇宙的獨目，又倒轉來看人類的眼睛，最多望了百餘年，都要閉上，而海的眼睛，卻望了千萬年仍在望——望著人類的鄉愁、時空的鄉愁、宇宙的鄉愁、上帝的鄉愁；更神妙的，是浮在海上的那條天地線，幾千年來，一直不停的牽著日月進進出出，從未停過；而海也一直握著浪刀，一路雕過來，把山越雕越高，一路雕過去，把水平線越雕越細，此時，難怪王維要

把「山色有無中」的境界在詩中說了出來。由此可見詩的確是探索與創造那埋在事物與生命深處的一門奧秘的「美」的學問，

從詩人在上面所提供的多項重大創造中，我們可看出詩的確是使人類與宇宙萬物的存在，獲得一種無限的延伸，一種有機的超越，一種屬於「前進中的永恒」的存在；同時也說明詩人終歸是在「上帝」的眼睛中爲完美與豐富的一切工作的，尤其是當諾貝爾文學獎得主海明威喊出了這是迷失的一代；現代史學家湯恩比認爲人類已面臨精神文明的冬季，則詩人的存在，便更是人類荒蕪與陰暗的內在世界的一位重要的救主了；並絕對地形成人類精神文明的一股最佳且永遠的昇力，將人從物化的世界中救出來，尤其是在廿世紀後現代掀起解構與多元化的理念，導致泛方向感與泛價值觀所形成失控與散落的生存亂象，也更有賴詩在超越與昇華中的開放的視野與統化力，穿越各種變化的資訊與符號，於「無形中」提供一開放的新的一元性，來協和「心」「物」進入一個新的美的中心，再度呈現人本與人文精神的形而上性，使世紀末「存在與變化」的飄忽不定的生存現象面的內層，仍潛伏著一種穩定的有方向感的「前進中的永恒」的思想動力，維護人類繼續對生存有信望有意義目標有內心境界的優質化的生命觀。

寫到這我想採取較捷便與快速的途徑，在最後重點地以我過去的「詩話」，來凸現出「詩」在過去、現在與未來，在人類生命存在以及思想與智慧活動的世界中，永遠具有卓越無比的價值，下面便是從我多年來創作中，對詩存在價值的體認（如上面所言談的），所寫的

一些「詩話」：

● 詩能將人類與一切，提昇到「美」的顚峯世界。

● 詩能以最快的速度與最短的距離，進入生命存在的眞位與核心，而接近完美與永恆。

● 詩創造的美的心靈，如果死亡，太陽與皇冠也只好拿來紮花圈了；在我看來，詩已成爲一切完美事物的鏡子，並成爲那絕對與高超的力量，幫助我們回到純粹生命的領地。

● 詩與藝術能幫助人類將「科學」與「現實世界」所證實的非全面性的眞理，於超越的精神作業中，臻至生命存在的全面性的「眞理」。

● 詩在超越與昇華的美中，可使時間變成美的時間，使空間變成美的空間，使生命變成美的生命，使各種學問思想（包括科學、哲學、政治、文學與藝術）在最後都變成美的學問思想。

● 古今中外，所有偉大的文學家與藝術家，他們雖不一定都寫詩，但他們不能沒有卓見的「詩眼」，否則在創作中便不可能看到精彩的東西，也不可能卓越與偉大，其實，他們都是不寫詩的詩人。

● 詩是人類精神世界的原子能、核能與微粒子。

● 詩在無限超越的**N**度空間裏追蹤「美」，可拿到「上帝」的通行證與信用卡。

● 詩是打開智慧世界金庫的一把金鑰匙，上帝住的地方也用得上。

●詩與藝術創造人類內心的美感空間，是建造天堂最好的地段。

●如果神與上帝眞的有一天請長假或退休了，那麼在人類可感知的心靈之天堂裏，除了詩人與藝術家，誰適宜來看管這塊美麗可愛的地方呢？

●詩與藝術不但是人類內在生命最華美的人行道，就是神與上帝禮拜天來看我們，祂也是從讚美詩與聖樂裏走來的。

●將詩與藝術從人類的生命裏放逐出去，那便等於將花朵殺害，然後來尋找春天的定義。

●太空船可把我們的產房、臥房、廚房、賬房與焚屍爐搬到月球去，而人類內在最華美的世界，仍須要詩與藝術來搬運。

●世界上最美的人群社會與國家，最後仍是由詩與藝術而非由機器造的。

●有詩與藝術，人類的內在世界，雖不致於瘂盲，也會丟掉最美的看見與聽見。

●如果詩死了，美的焦點，時空的核心，生命的座標到那裏去找？

●「詩」是神之目，「上帝」的筆名。

從上述的這些「詩話」中，我相信不但可看見「詩」在人類生存世界中所凸現的可觀價值，甚至可呼吸到詩在我們人類生命中無比的重要性，離開詩，便事實上等於是離開了那具有豐富、美好內容的「人」與世界。

第二扇門：「詩創作世界的五大支柱」

在我從事近三十多年的創作經驗中，發現一個詩人，能確實擁有下面五大堅強的支柱，做爲他創作世界的支持力，勢必有可觀的展望。這五大支柱便是：

1. 聯想力

聯想力是想像世界的經緯線；是心路；是使一切到達其更爲完美與富足存在的「天國」之路；只有聯想力能使內外世界發生交通，使存在的分力歸向合力。聯想力越豐富的詩人，便能經營龐大與繁榮的詩境，正像大都市必依靠發達的交通網。如果沒有聯想力，一切將成爲孤立的、單一的存在，詩便無法展開無限的活動。陶淵明也不會在「採菊東籬下」時，而聯想到那「悠然見南山」的境界。有了聯想力，李白便寫下「月下飛天鏡」；現代詩人便寫下「落葉是風的椅子」、「樹林是風的鏡子」。

2. 意象

意象是內視力（心目）所看見的無限景象。當詩被看成內在世界無限的「深見」，意象在詩中的地位之高可見。它是構成整首詩意境的基本元素，它的深廣度、它的精確性都將決定一首詩創作的好壞。由於精神、思想與情感在詩人內心中活動是抽象的，要使之顯出具體可見的共識的形態，必須借用外在之象，如何借用，有賴豐富的潛在經驗，譬如你經驗中，「人」的建築是有眼睛的，你看到窗，便聯想窗是「房屋的眼睛」，甚至因窗是瞭望風景的，你可聯想到窗是「飛在風景中的鳥」。無論如何，意象世界，在我看來，它已被視爲詩人精神與心靈的「原子爐」，意象世界如果能源貧乏，它便勢必使詩人心靈的「原子爐」降級爲「炭爐」或「煤油爐」，詩境發出的光能便絕不會強。

其實意象世界，也就是再現於心靈中的第二度更爲充足的現實世界，也就是我一再強調的：詩不是第一層面現實的複寫，而是將之透過聯想力導入潛在的經驗世界予以觀照、交感與轉化；成爲內心第二層次的現實之「景象」（即意象），因而獲得存在的更爲富足的內涵與更具有美感的形態。如下面所呈現的狀況：「對象A，經過聯想力引入內心經驗世界，觸及同位質性的潛在意象A^1、A^2、A^3、A^4而交溶成A^N，美感意象的無限效果。」

3. 詩語言的特殊功能：

詩不同於文學中其他的文體，主要是在它語言的特殊功能：它的精純性；它的音韻美；更主要的，是它「比」中的明喻性；「象徵」中的暗示性；「超現實」表現中的直覺緣發性，使語言獲得更佳的意涵與工作能力。譬如：

(1)比的明喻性：如蘇東坡的「明月如霜／好風如水」；如現代詩人的「天地線是宇宙的一根弦」……那都是透過上述的意象，以「比」中的明喻性，來表現詩的美妙的意涵。

(2)象徵的暗示性：如「春蠶到死絲方盡／臘炬成灰淚始乾」。如現代詩人表現生死離別寫的：「當船纜解開／岸是不能跟著去的」；那都是透過多元性的意象，以「象徵」中的暗示性，透露出詩的微妙且耐人吟味的意涵。

(3)超現實的直覺緣發性：如「人在橋上走／橋流水不流」，「黃河之水天上來」。如現代詩人的「張開眼睛是風景／閉上眼睛是往事」，那都是更進一步地使上述的意象在忘形中，隨著「超現實」表現中潛意識的直覺緣發性，去全面呈現出詩的驚異的無限頓悟的精神內涵力。

(4)詩的動詞：動詞是詩生命的動力，其動向、動態、動能、動量、動感——等，是否適當準確，都將影響整首詩的運作效果與結構。

如「白鳥悠悠下／寒波澹澹起」，「紅杏枝頭春意鬧／雲破月來花弄影」。如現代詩人在寫迷你裙時：「裁紙刀般／刷的一聲／將夜裁成兩半／上一半剛被眼睛調成彩色版／下一半已印成愛鳳床單」。

這都是要求動詞在詩中所給出的動向、動態、動能、動量、動感，達到高效力與絕對準確的程度。在「白鳥悠悠下」詩中的白鳥，本來就美，因用上「悠悠下」這一形容動詞，白鳥便顯得更美了；如果用「飄飄下」，由於這一形容動詞的動向、動態、動能、動量、動感，都用得不太適當與準確，便使本來美的白鳥，反而變得不美了。

(5)詩的音樂性：音樂性是詩語言的呼吸，呼吸不順暢，將使詩生命趨於氣喘、沮滯甚至癱瘓與僵化，可見音樂性在詩中，等於是海中起伏的波浪，天空中飄動的雲彩，原野上流動的河流。

4. **結　構**

一座建築沒有結構，便絕造不起來，即使造起來，也會倒塌。同樣，一首詩沒有結構，也會變得支離破碎。所謂詩的結構，便是單元意象有機與有秩序地發展成爲整首詩完美的意境。若做更精密的解說，則每句詩中的字與字之間的連結；每段詩中句與句之間的連結；整首詩中段與段之間的連結，甚至一個動詞或形容詞用得是否得當，都涉及整個結構的完整性。結構所展示的形態，大概有下列兩種：

(1)同步向核心聚集與統一。

(2)同位步向外擴張與展現。

5. 意　境

中國藝術思想，尤其是詩，一向較偏重於心靈境界；故畫有意境必佳，詩有意境必高。所謂境界，便是詩人心靈活動，進入形而上領域的具有超越性、完美性、眞實性與永恒感的精神狀況。境界又有「無我」與「有我」之分，均可出現好詩。

(1)有我之境：是以我觀物，故物均著我之情意，如古詩的「前不見古人／後不見來者／念天地之悠悠／獨愴然而涕下」；如現代詩的「猛力一推／竟被反鎖在走不出去的透明裏。」都是表現個人內心中對生命存在的感知。

(2)無我之境：以物觀物，不知何者爲物，何者爲我，其實是我，也非我；我是物，又非物，最後是物我兩在，物我兩忘。如古詩的「千山鳥飛絕／萬徑人蹤滅」；如現代詩的「海握著浪刀／一路雕過去／把水平線越雕越細……不知爲什麼／海拋下浪刀／一轉眼便不見了……」。都是表現物中無我又有我、物我兩忘又兩在的精神境界。

縱然「無我之境」較「有我之境」，更接近藝術無為而為的原性與佳況，但作品之好壞，仍決定於作品的本身，並非寫無我之境的詩，就一定較有我之境的詩好。

第三扇門：「我兩項最基本的創作觀」

「第三自然」與「現代感」

在人類智慧不斷向未來開拓的廿世紀，在生存動態與慾望多向性地展現的現代生活世界裏，做為一個詩人，以詩來傳眞一切活動的實況與信息，究竟在這項嚴肅且具創造性與永恒感的精神作業中，有那些是可以肯定的價值與應該特別去強調的觀念呢？

下面是我經過近三十多年從事詩創作所體認到的：

在廿世紀，人類的智慧與作為，越來越趨向精密的分工。政治家、社會福利工作者以及新聞傳播界與輿論界，已事實上較其他的角色與部門，於引導現實社會生活環境進入合理化與理想化的佳境，是更具有直接性與絕對的功能與實效的。而詩人與藝術家，除關心「人間的煙火」；其更重要的工作，是圖在人類衣、吃、住、行，打好的「肉體基礎」上，拓展與建立內心與精神文明的輝煌世界，以解救人類內心與精神生活的貧窮與低落，並提昇人的生存境界。這也就是說，當人從各種不同的職業與現實的生存點，用肉目可看見盤中的那塊肥美的肉與居住中的豪華的大廈；更可用心目（靈視）看見陶淵明的「南山」與貝多芬的「文響樂」，也是人類生命所嚮往的另一塊更爲肥美的「肉」與另一座更爲豪華的「大廈」。

因此，我首先確定詩人工作的重心，永遠是偏向於「如何使人類由外在有限的目視世界，進入內在無限的靈視世界」。也就是我過去在論文中所指認的：「詩人與藝術家創造人類存在的第三自然」；也就是超越田園（第一自然）與都市（人爲的第二自然）等外在有限的自然，而臻至靈視所探索到的內心的無限的自然；也就是自陶淵明目視的有限的「東籬下」，超越與昇華到陶淵明靈視中的無限的「南山」的境界。

的確，唯有堅持這一價值觀念與看法，才能使詩與藝術這項屬於永恒性的精神作業，在面對各方面的質詢時，能順利地達成問題的答案。

⑴譬如當柏拉圖認爲詩人用詩去寫一座橋，倒不如用手去造一座橋，來得有意義與價值。於是，他便要把詩人趕出他的理想國，但如果詩人是寫存在於「內心第三自然」中的更具有存在內涵力的「橋」，像現代抽象表現主義畫家所共認的：「我們雖畫不過太陽的本身，但我們可表現我們內心中所體認的更爲不可思議的太陽」，則詩人便可理直氣壯的對柏拉圖說：「柏拉圖，你理想國的坪數太小了，既容不下陶淵明的更廣濶的『南山』，詩人們便只好自己將『南山』搬出去，搬到宇宙萬物生命更龐大的生存空間裏去，用不著你來趕了。」

⑵唯有從外在有限的第一自然（田園）與第二自然（都市）越超而進入內心無限的「第三自然」，方能確實認明「獨釣寒江魚」與「獨釣寒江雪」，是何等不同的生命境界，因而

在超越的精神狀態中，看見一切生命活動於無限自由以及永恒與完美的基型中，獲得其本質的存在。

(3)唯有進入內心無限自由與廣濶的「第三自然」，詩人與藝術家才會了解「詩人與藝術家是上帝的代言人」與「詩人與藝術家是拿到上帝的通行證與信用卡的」這兩句話的眞義；甚至認爲世界上如果有天堂，則經由詩人的觀察、體認、感受、轉化與昇華等心靈活動所形成的那個具有超越性與充滿了美感的更爲眞實與廣濶的「第三自然」，便的確是造天堂最好的地段。

(4)詩人與藝術家的創作心態，進入內心無限自由與遼濶的「第三自然」，便是以開放與廣體的心靈來注視世界，他絕不會排拒存在於「古、今、中、外」裏凡是能構成他創作生命的美好的一切；他必定是以「不用鳥籠來抓鳥，而以天空來容納鳥」的廣濶的心境，來展開他多向性的創作境域，而不致於將自己侷限在單向性的偏窄的創作線路上，縮小了創作的層面與幅度，因此可任意地運用各種題材與方法，不受約束地從事創作：

①他既可以寫「國破山河在」「朱門酒肉臭」等涉及現實與人間煙火的詩；也可以寫「獨釣寒江雪」、「山色有無中」、乃至「人閒桂花落」、「白鳥悠悠下」等超越現實的具有意境與永恒感的詩；甚至可表現純粹物態美與抽象美的詩。

②他既可以寫一己故鄉的鄉土；也可以寫第一自然（田園）更廣濶的鄉土；也可以寫第二自然（都市）的「鄉土」（人有一天到太空，則造在地球上的「都市」，便也是另

一塊使ARMSTRONG站在月球上懷念的故鄉之土）；甚至可寫前一秒鐘剛剛過去不復返的時空「鄉土」——就陳子昂筆下的「前不見古人，後不見來者」的「鄉土」等各種層面的鄉土。

③他既可寫精美、單純明朗的好詩；也可寫帶有某些晦澀感但繁富而幽美的好詩。

④他既可寫以「白描」手法表現的詩，也可寫以「超現實」、「抽象」、「象徵」與「投射」等手法表現的詩。只要在表現上能達到傑出與完美的效果，都應該是好的。

⑤他既可以寫偏向於現實社會群體生命活動世界的詩；有時也可以寫偏向於個人特殊情境的詩。只要寫的確實好，都一樣的會被重視。

的確，只有進入內心「第三自然」的存在境界，方能確實與澈底了解詩人與藝術家存在的最終目的，以及他在從事這項永恒的精神作業中，全面性與長久性的對象是什麼，而找到他們存在的眞實的位置。同時也使我們能持有寬容與廣濶的視野，多向性地注視與容納凡是具有卓越表現的各種形態的創作，而使詩與藝術在人類廣濶的精神世界中，成爲不只是賣「一種貨」而是賣「百種貨」的大「百貨公司」。的確，只有這樣，方能使詩與藝術的創作，有更多的可能與方向，進入不同的「卓越性」與「傑出性」，而不致於「小兒科」地將詩與藝術推入單向性的狹窄的甬道裏去，發生「不向這裏走便無路可走」的嚴重錯誤。其實在「第三自然」的自由且廣濶的世界裏，有太多的路與預想不到的美妙的走法。這也就是說，只有在「第三自然」的情境中，詩人與藝術家方能確實擁有無限的創作題材與技能，而且認明自己是創造方法並非被方法牽制的創作者。

因此三十年來，我看到許多詩人單向性地強調的種種，都無法通過全面性與最後的質詢。譬如有人強調限用這方法限用那方法來寫詩，或者限定題材強調只寫「鄉土」詩與「工農兵」的詩，那麼請問不寫那方法的詩，與寫「鄉土」與「工農兵」以外的詩，就非詩與非好詩嗎？當我再三思索，經從全面性與更廣遠的角度來看，並進行深入與澈底的透視，最後才敢強調這一創作觀點：「詩人與藝術家的確創造了人類存在的第三自然（內心中無限的自然）」——它不斷誘導詩人與藝術家將外在的現實，提昇為靈視所看見的內在的更深一層與更豐富的「現實」；而確定了詩人與藝術家創作世界的理想且永恒的基業，即使詩人以新寫實的敘述手法，表現現實的生活層面，但也無法完全躲避因內心「感應」所形成的那段抽象距離，於無形中，移動與調整著讀者內心對現實投入不同的「感向」與「感受」。否則，詩人與藝術家便該退下去，讓新聞攝影記者，報導文學與散文作者來執筆就夠了。目前就因為平面直抒的敘事詩的流行，許多詩人，未把對象帶進「第三自然」的心境，獲得觀照與提昇，去引起靈視深一層的看見，致使現代詩陷入新的危機：⑴是詩質趨於單薄，⑵是缺乏意境，⑶是語言蕪雜、鬆懈，過於散文化，不夠精純。由於這三種缺失的現象，使現代詩繼承與進一步創造古詩一向所強調的詩質、詩境以及詩語言的精純感與韻味……等這一優良的傳統，距離是似乎更遠了。

除了上面所強調的「第三自然」外，我也只能再加上一項強調了。它就是一直使我在創作中特別觀心與著迷的「現代感」，也是所有具有高度覺醒性與認知力的創作者，所不能不深加思索的體認的。因爲「現代感」深一層的意義，不只是要我們去看一架起重機是如何把一座摩天樓舉到半空裏去的現代文明景觀；而是要我們全人類的心靈，在焦慮中等待與守望著下一秒鐘的誕生；因爲下一秒鐘將爲我們在已有的一切中，帶來一些過往所沒有的新的事物。這便正是緊緊抓住詩人在創作中最主要的三種生命動力——它就是「前衛性」、「創新性」與「驚異性（或震憾性）」：

(1)「現代感」所含有的「前衛性」，正是使詩人在創作中機敏地站在靠近「未來」的最前端，去確實地預感新的一切之「來向」，而成爲所謂的「先知者」，去迎接與創造一切進入新境與其活動的新的美感形態與秩序。這點我們可從世界抽象畫大師杜庫寧的創作觀點與行爲中，獲得印證，他在同一張畫布上隨時將新的發現，畫上去，說明人類創作的智慧，在未來的時空中，不斷呈現新貌。

(2)「現代感」所含有的「創新性」，便是一直在查驗與檢定詩人的「創作生命」是否有效與存在。如果詩人在「心象」以及「語言」與「技巧」的活動，缺乏「創新性」，便勢必於不知不覺中陷入殘舊與僵化的創作狀態，而失去創作者在創作上的實質身份。這也就是大多數創作者常提到的「自我突破」，所謂突破便是不斷的超越，以抓住創作上不斷成長的新的機能。

(3)「現代感」所含有的「震驚性」，是一直刺動詩人的創作生命，呈現其超越已往的獨特與新異的面貌。這也是給讀者感受的心靈，不斷帶來新的喜動與滿足感，它包括了作品形態與內涵力雙方面，對現代人內心所引起新異、迅速且強大的感應力。

因此可見「現代感」對一個詩人的創作生命，是已重要如呼吸中「新鮮」的空氣。當我們以絕對的看法，強調詩與藝術的世界，是開設在我們靈視所看見的「第三自然」裏的「無限股份的百貨公司」；則「現代感」便是不斷在要求「百貨公司」裏的種種貨品，不但要新鮮，而且更要求它繼續有新的品質與新的樣式的產品問世。

如此看來，上面所強調的「詩人與藝術家創造了人類存在的第三自然」與「現代感」這兩項創作觀點，對於詩與藝術的創作者來說，應是一項絕對可靠而且具涵蓋力與永久性的觀點。

第四扇門：「詩人與藝術家的創作之輪」

這是我三十年來，透過詩與藝術，在心靈深處對生命與一切事物進行探索，所發現的一隻輪子（參見本文下面我在其他文章中常用到的附圖），它在我看來，已是創作世界中一隻永恒不朽的「心輪」，它一轉動，不但可獲得詩與藝術的生命。同時也可獲得萬物內在的生命。

事實上，從「觀察」到「體認」到「感受」到「轉化」到「昇華」，已是詩人與藝術家在創作時，心靈活動的全部過程。由於詩與藝術，絕非第一層次現實的複現，而是將之透過聯想力，導入潛在豐富的經驗世界，予以觀照、交感與「轉化」、「昇華」，成爲內心中第二層次的現實，使其獲得更爲富足的內涵，而存在於更爲龐大且永恒的生命結構與形態之中。若用我發現的方程式來說，便是這樣的：對象A↓潛在意象A^1、A^2、A^3、↓美感A^N，這也就是符合上面所說的——將現實中有限的對象A，以聯想力，引入同步多元性的潛在意象A^1、A^2、A^3↓予以交融，而獲得A^N的更爲富足與無限的美感意象，它便是一件作品內在生命的完成，也是在作品中創造了一個具有新的形態與內容（超乎對象A）的更爲美滿的生命。所以我說：詩人與藝術家是創造內在生命的另一個造物主，他能把沒有生命的一切，變成有生命；把有生命的一切，創造成更有完美內容的生命，而這種奇蹟的產生，我認爲全是靠這隻由「觀察」、「體認」、「感受」、「轉化」與「昇華」所構成的「心輪」，轉動出來的。由此可見做爲一個詩人與藝術家，在創作時所表現的觀察力、體認力、感受力、轉化力與昇華力之強弱，會直接影響到作品的本身，所以我一再強調創作者必須具有：

1.深入的觀察力

由於詩與藝術是對一切存在的深見，所以詩人與藝術家必須具有像詩人里爾克那樣深入的「觀察力」，里爾克說：「將觀察的置於沈默與忘卻之中，使之成熟。」這樣，方能有透徹的看見與把所看見的創造出來；也就是必須具有敏銳的第二視力——靈視，像培根所說的：「大詩人與大藝術家，必須具有哲思性的想像力。」——它就是以心眼所看到的「思想中的思想世界」。

由此可見「觀察力」的深淺，對於創作者是至爲重要的。「深」者可到生命與時空的「深海」去作業，捕捉大魚；「淺」者只好留在「淺水灣」釣小魚了。

2. 深入的「體認力」

由於「體認」中的「體」字，決定了認知的內容與方向，不同於單從書本與智識所認識的。所以我們對時間的認識，不只是去看鐘錶、日曆與年歲；而是要把自我生命的眞實之「體」，送到時鐘的磨坊裏去，從滴答聲中，傾聽心脈的跳動，而深一層地「體認」到長短針是架設在時間廣場上不停地旋轉的絞架，隨時可聽見生命發出嘶喊的聲音，甚至看出錶面是透明的產房與墳墓；於是我們對「死亡」的認識，也不只是在一個人送進焚屍爐才認識的，而是當我們一出生，「死亡」的左右手——「時間」與「空間」，便已每天與我們在一起，使我們日漸感到「時間」的重量，「空間」的阻力，終於更深一層的體認「死亡」，而了解爲什麼里爾克會在「時間之書」中，心平氣和的說出：「死亡是生命的成熟」；我爲什麼在「死亡之塔」詩中說出：「生命最大的回聲，是碰上死亡才響的。」陳子昂爲什麼寫出：「前不見古人／後不見來者／念天地之悠悠／獨愴然而涕下」。

的確，只有深入的體認，才能確實獲得創作生命的深度、偉大感與永恒性，我們絕對相信坐在研究室的「辭海」裏所看到的海，是永遠比不上高高坐在海邊（把自己看到海裏去，把海看到自己裏來）所看見的海深廣、壯觀與更接近創作的眞實生命。

3. 強大的「感受力」

由於強大的「感受力」，能把強大的反應力，引到作品中，產生強大的震撼力，而強大的「感受力」便是緣自作者對一切存在不斷做深入性的「觀察」與「體認」，所累積下來的。你如果沒有柳宗元那樣的「感受力」，就不會有從「獨釣寒江魚」到「獨釣寒江雪（所釣的是整個宇宙的孤寂與荒寒）。」那樣更深一層的人生境界；同樣的，你如果沒有貝多芬那樣對生命的「感受力」，就不可能創作出那些震動天國與永恒的樂音，而被日本音樂界讚頌為人類心靈世界中的第二位「上帝」。的確「感受力」，已被視為是作者創作生命的潛能，它的強弱與幅度，都將決定作品的放射出的光芒。

4. **卓越的「轉化力」**

由於卓越的「轉化力」，已被視為是創作世界的變壓器，能把作者內心中的「感受力」，轉變與發揮為更理想與美好的光景。我們之所以能把高藝術水準的舞蹈團，在空中揮舉的一排排手勢，看成林野上的樹桿、天空的鋼架、天堂的支柱，那全是靠靈視的「轉化力」，同樣的，我們在「雲帶著海散步」這句詩中，之所以能看見老莊那優哉遊哉的生命形象，那也是靠靈視的「轉化力」。由此，可見「轉化力」，在創作世界已重要得如「太空發射站」，使作品的生命，像「太空梭」般向無限的境域不斷的「昇華」。

5. **卓越的「昇華力」**

由於從「轉化」中不斷「昇華」的一切，均具有一種眞實而幽美的形而上性，能把內心從現實中得來的有，推展為無限超越性的飽和的有，而歸向生命永恒存在的基型，獲得其存在的不朽性。如「悠然見南山」與「山色有無中」，均是精神與一切在「昇華」中，所呈現的不凡的佳境。可見「昇華」是導使作品與一切事物，進入完美與永恒境界的主要力量。

綜觀所說的這隻由「觀察」、「體認」、「感受」、「轉化」與「昇華」所構成的「創作之輪」，它們彼此之間，永遠有機地串連在一起，一個緊扣著一個，於不斷的轉動之際，便不但進入藝術生命的旅途，也同時進入萬物內在生命的旅途。事實上，這隻輪子，幾乎已是詩人與藝術家在創作世界中活動，所必須也是唯一使用的一隻獨輪。只有當它不斷滾動入更深遠與廣濶的境域，作者的創作世界，才會有偉大不朽的可能。所以當貝多芬，駕著這隻輪子：從「英雄」與「命運」交響的世界，滾進了「第九交響樂」更爲渾厚與壯濶的世界，他便也同時滾進了永恒。至於大部分創作者（包括各種類型的文藝作者）在內心中根本就沒有那隻走遠路的輪子；即使有，也大多數在還沒有深入可觀的遠景時，那隻輪子，已被庸俗、勢利以及不夠執著與專一的精神所構成的阻力，而停下來，或因生命力與心勢的衰退，內在能源缺乏，而拋錨不動，那如何能使創作世界有輝煌的展望？

第五扇門：「詩與視覺藝術的關聯性」

由於詩人與藝術家的心象世界是相通的，因此藝術與詩在創作上，必有彼此相映照與相呼應的地方。如抽象派畫家都贊同：「自然的終點是藝術的起點；我們畫不過自然的本身，但可表現自然。」又如蒙特里安說：「不往窗外看，用抽象的理念來組合它，這就是絕對的抽象的表現。」……這些創作看法，雖不完全同詩人在採取內在視力所探索的心象世界相一致，但彼此奔向內在無限性與深廣度的精神境域，確是相近似的。再說，目前所流行的新寫實畫派理論家史丹特（R.G. Dienst）強調「新寫實的內涵，比自然主義更豐富」，以及凡茲霍爾（Frazroh）更認爲「新寫實是奇特的（魔術的）寫實主義」，這同詩人目前逼近現實層面越趨向即物表現，在創作意念上，多少是有共通之處的；又如「普普」與「拼湊」藝術，同詩中運用多元意象的疊合表現，也是有共同性的；就是古詩中的「枯藤／老樹／昏鴨／小橋／流水／人家……」不但早就運用了拼湊藝術（Assemblage）的手法，而且運用了電影上蒙太奇的手法；此外像超現實畫家達利，把手錶畫成流體（因時間是流動的），把手錶也畫在似手的樹枝上（因樹也在時間中成長）——這種在有意識的錯覺中，所凸現的更爲驚異的眞實，同詩人寫「黃河之水天上來」、「人在橋上走／橋流水不流」等超現實表現的詩，也是有相互映照之處的。

除了上述的那些之外，我更發現詩與藝術有一層至爲奇妙的關係。當然這種關係，是經過我特別安排與設計，將它們拉在一起的。那就是詩語言的品質，可試用我下面所提出的五個屬於藝術美學觀點上的「質點」來查驗與做決定。這五個「質點」，便是從當代國際上五位藝術大師創作中較特殊不凡的「卓越點」，提取出來，做爲觀照的。

(1)第一個「質點」是大師畢卡索的「空間掃描」與「立體表現」觀念。它使世界由封閉的體積，展現成透明體，獲得廣濶的視野，隨著移動的視點，而建立起多向的、多層面的立體美感空間。語言的活動，若能通過這個「質點」，必能產生更富足的內涵力，而排除其平面性與淺薄感。像杜甫的「高沈遠江聲」，便是能經過這一個「質點」。因其詩的語言中，用上「遠」字這個精彩與卓越無比的動詞，便呈現出江流的距離感、景物的移動感，以及作者那閒適、淡遠與懷想的心態等三方面相交疊的立體美感狀況，使詩語言所展示的容涵與能力，便因此豐美與碩大。至於詩人張說寫的「高沈聽江聲」，因是平面單向的抒述，顯得膚淺，便不經過這個「質點」。當然詩語言經過第一個「質點」，獲得多層面以及豐富的蘊含之後，尚須經過精密的壓縮與凝聚，使其獲得密度與質感，於是就要再經過下面的第二個「質點」。

(2)第二個「質點」，是雕塑大師加克美蒂作品中所表現的「壓縮、凝聚與冷斂美」。使語言在活動中，獲得可靠的強度密度與質感，排除語言虛弱與鬆懈的現象。在這方面，杜甫的「高枕遠江聲」，顯已通過第二個「質點」；張說寫的「高枕聽江聲」則沒有完全通過，因未做深一層的透視與交溶，缺乏回拆的深度與韌力。詩語言通過第二個「質點」，尚須使其經由壓縮得來的眞實的質感，再次提升，以達到精純感。於是還須通過第三個「質點」。

(3)第三個「質點」是雕塑大師布朗庫斯在作品中透過抽象過程所提升的「單純美」。使語言在活動中，呈現明澈的精純感與水晶般的潔度，像玉中之璞。排除語言的蕪雜與平庸性。很明顯的，杜甫那句詩已通過第三個「質點」；張說則沒有確實通過。因杜甫是眞正把握到豐富的「單純性」；張說那句詩抓住的只是平面的「單薄性」。詩的語言通過第三個「質點」，尙須使其精純的質感，進而獲得活動的幽美的形態，於是又必須通過第四個「質點」。

(4)第四個「質點」，是抽象畫大師康丁斯基作品中，所呈露的「律動美」，使語言在活動中獲得優美的音韻與音樂的節奏感，排除呆板與僵硬的現象。很明顯的，上面所舉杜甫與張說的那句詩中，雖都通過第四個「質點」，但畢竟杜甫語言的「律動美」，是美在較高的語言意涵與層面上，故較張說爲佳。詩的語言通過第四個「質點」，尙須使之整體地臻至完美與圓滿之境。於是在最後還要通過第五個「質點」。

(5)第五個「質點」是雕塑大師康利摩爾作品中的「圓渾感（或飽和感）」，使語言呈現出圓融的渾然之體與完整的穩妥之態，排除語言有瑣碎與破損之處。依此，杜甫的「高枕遠江聲」與張說的「高枕聽江聲」，雖都同樣通過第五個「質點」，但仍因杜甫語言的意涵絕佳而高，故相比較，張說便不能不低了。

我試圖以上面五個（有序地串連成整體功能的）「質點」，做爲查驗語言結構形體的基本能力，是因爲詩的工作能，幾乎全偏向於詩語言的工作能，而這五個源自當代國際五位大師創作所呈現的卓越的「質點」，經從上面所做的實證，似已能查證出詩語言優劣的品質。同時由此尙可進一步來檢視當前詩創作的實況：

如果我們是有眞見而且坦誠，我相信大家都會清楚的發現到我們的現代詩自步出「高山、深谷、繁茂、艱深」型的意象世界，進入較「開濶、平坦、明朗可見」型的直抒世界之後，加上目前抒事詩的大大鼓吹，詩人又大多困在「外在浮動性」的現代都市生活中，定不下心來，便難免缺乏在心境與藝術上所必須的內省與轉型作用，於是使大量現代詩於不知不覺中向散文世界逃奔自由；其語言的工作能，便也大多在疏懶與平淡的氣氛中，淪落與受困在張說「高枕聽江聲」的平面直抒狀況中；而達不到杜甫「高沈遠江聲」的語言的豐盈境域；當然也因此遠離了中國古典詩的優異性，帶來現代詩的另一些新的危機。這我們可從不少青年詩人的話中聽見，從報刊雜誌中所發表的許多詩中看見。

我提出查驗詩言語的五個質點，只是我個人的體識與看法，如果有人認爲詩的「語言能力」，是存在於整首詩的交合作用中，我不會反對。但我仍然要從「整體性」的結構中，追入「局部性」的單元結構中，去查證每部份交出的「承受力」。那就是構成整首詩的每句詩的潛在功能與實力，都可以上述的五個「質點」找出來，否則我們不會深入且徹底地檢驗與看出「他總是孤孤單單一個人，多麼的孤獨啊」與「他帶著自己的影子，向自己的鞋聲走去」這二句詩對孤獨感所表現的效果與藝術層面會有什麼不同。

最後，順便來談談詩意象世界的取鏡。由於詩人在詩中透過語言文字，能使無形的「意」，變成有形的「象」，詩人便也因此被看做是以文字來繪畫的藝術家。

意象不同，畫面也不同，不同的畫面，便有不同的美感，因此詩人對意象（畫面）的取鏡，是直接影響一首詩的美感效果與其內涵的。

「意象」的取鏡，同電影藝術鏡頭的運用，多少有某些近似的地方，如蒙太奇所強調的「對照法」、「平行法」、「同時並進法」、「多元性發展法」……與我在下面從創作經驗中所體認的種種取鏡法，是有某些共同性的，我大致將它分成：

①以景顯境的鏡頭：如古詩的「千山鳥飛絕／萬徑人蹤滅」，是以物景表現孤寂荒涼之境。如現代詩的「樓梯口一雙鞋／天窗外一朵雲」，是以物景表現生命的流浪飄忽之境。

②心與境交映鏡頭：如古詩的「浮雲遊子意／落日舊人情」。是浮雲與遊子意、落日與舊人情相交映。如現代詩的「遙望較煙雲遠／車窗是離家的眼睛」。是遙望與煙雲、車窗與眼睛相交映。

③心境直敘鏡頭：如古詩的「前不見古人／後不見來者／念天地之悠悠／獨愴然而涕下」，是直敘一己的心境。如現代詩的「你隨天空濶過去／帶遙遠入寧靜」，也是直敘一己的心境。

④對照鏡頭：如古詩中「卷簾望月空長嘆／美人如花隔雲端」，是「簾外月」與「花（美人）隔雲端」相對照。如現代詩「踩住腳下的地毯／它該是那一種鄉土」。是都市「地毯」與「鄉土」的對照。

⑤向中心迫進鏡頭：如古詩「枯藤／老樹／昏鴉／小橋／流水／人家／古道／西風／瘦馬／夕陽西下／斷腸人在天涯」。是使所有的景逐次迫入最後的中心指向。如現代詩的「房屋急急讓開林野／林野漸漸讓開遠山／遠山慢慢讓開煙雲／煙雲卻不知往那裏讓」也是使所有的景逐次迫入最後的中心指向。

⑥遠近推拉鏡頭：如古詩「姑蘇城外寒山寺／夜半鐘聲到客船」。是「寒山寺」遠景與「到客船」近景的推拉鏡表現。如現代詩「他帶著自己的影子在走／一顆星也在很遠很遠裏帶著天空在走」，是「影子」近景與「星」遠景的推拉鏡表現。

⑦跳鏡：如古詩「白日依山盡／黃河入海流」是從「白日」時間性跳到「黃河」空間性。如現代詩「短裙飛來隻隻鳥／長裙飄來朵朵雲／腰不扭動河會死／胸不挺高山會崩」，這些句法，更具跳動感。

⑧旋動鏡（全面展現鏡）：如古詩「悠然見南山」、「山色有無中」。是直覺與緣發性的全面呈現。如現代詩「站在樓頂／一遠看／腳已踩在雲上。」也是直覺的全面觸及。

此外尚有「淡出（消隱）鏡頭」，如古詩「孤帆遠影碧空盡／唯見長江天際流」，如現代詩「凝望溶入山水／山水化爲煙雲／煙雲便不能不了／事情總是這樣了的」以及「濃入（香沒）鏡頭」，如古詩「黃河之水天上來」，如現代詩「摩托車把整條街揮過來」。

一九八六年

以詩寫詩論

山的世界

一 山的意象

盤住整個大地
它旋昇到最高的頂點
　把太陽握成冰
那透明的晶體
竟是一顆火石
天空又那麼敏感
一擊就亮
誰要光彩
便給誰

其實　那也只是一些水吧
而江河與海卻都住在裏邊
要不是谷底那滴泉聲
　　說了出來
　　誰也不知道

註：「意象」世界，是詩人心靈的熔爐，能使不相容的冷熱、剛柔、動靜相溶合，全面運作，而放射出知性與感性生命的巨大的潛能。這件事，就讓山去說吧！

二　山的語言

它幽美的線條
一直被海浪
　高談濶論
畫得不像
　又塗掉
它從不說什麼
只美在自己的韻律裏

風雲鳥
也畫過它
但筆觸太輕飄
　都留不下來
倒是它簡單的一筆
　又剛又柔的
把風的飄逸
雲的悠遊
　鳥的飛翔
全都畫在那裏

註：當康丁斯基以及海浪與風雲鳥都無法把語言充滿了繪畫性與音樂性的線條畫出來，這件事又只好讓山來說了。

三　山的結構

以塔的造型
　凸現
上去　是渾圓的天

下來　是圓潤的地
屹立不動時
所有的石面
都抓牢水平
要向前走嗎
排排的樹景
一路跟著鳥飛
飛就飛吧
塔的每一層
都是凌空的鷹翅
最後與天地迴旋一次
不就旋進了大自然
　原本的結構

註：當整個空間空了出來，要你在詩中將世界架造在永久不垮的結構裏，你會不會一想就想到山呢?它以穩固的「垂直」與「水平」抓住時空的重心，在沉靜中守住一切存在的秩序與動向。

後記：主編張漢良教授要我寫一首詩來論詩，眞是一項很絕的構想。過去在文章中，我對詩的看法是這樣的：「詩絕非第一層次現實的複寫，而是將之透過聯想力，導入潛在的經驗世界，予以觀照、交感與轉化爲內心中第二層次的現實，使其獲得更爲富足與無限的內涵，而存在於更爲龐大且永恆與完美的結構與形態之中；也就是我一再強調的：詩人與藝術家創造了人類存在的第三自然。』現在以詩來論詩，我只能從詩的最主要的三個部份——「意象」、「語言」與「結構」，寫成三節詩來談。以「山的世界」爲題。寫成後禁不住要問：

(1)「山的世界」也就象徵著詩的世界嗎？

(2)「山的意象」也就暗示著詩的意象嗎？

(3)「山的語言」也就意味著詩的語言嗎？

(4)「山的結構」也就呈現著詩的結構嗎？

一九八二年

門的聯想

——談詩的神奇的想像

花朵把春天的門推開
炎陽把夏天的門推開
落葉把秋天的門推開
寒流把冬天的門推開
（時間到處都是門）
鳥把天空的門推開
泉水把山林的門推開
河流把曠野的門推開
大海把天地的門推開
（空間到處都是門）
天地的門被海推開

海自己卻出不去
全人類都站在海邊
　　　　發呆
只看到一朵雲從門縫裡
　　　　悄悄流出去
眼睛一直追著問
問到凝望動不了
雙目竟是兩把鎖
將天地的門卡擦鎖上
門外的進不來
門內的出不去
陳子昂急著讀他的詩
　　前不見古人　後不見來者
　　　念天地之悠悠　獨愴然而涕下
王維也忍不住讀他的詩
　　　江流天地外
　　　　山色有無中

在那片茫茫中
門還是一直打不開
等到日落星沈天昏地暗
穿黑衣紅衣聖袍的神父與牧師
　　　　　　　忽然出現
要所有的人將雙掌像兩扇門（又是門）
　　　　　　在胸前閤上
然後叫一聲阿門（又是門）
天堂的門與所有的門
　　便跟著都打開了
在一陣陣停不下來的開門聲中
我雖是想把所有的門
　　都羅過來的羅門
但仍一直怕怕手中抓住
鎖與鑰匙的所（鎖）羅門

註：「想像」是詩極爲重要的創作觀念，詩也一直靠「想像」的魔力。不然，門只有木門、鉛門、鐵門、玻璃門、前門與後門，或者門都沒有，但有了想像力，它把時間的門、空間的門、哲

學家的腦門、詩人的心門與上帝的天堂之門等無數的門，都一道道推開來，到處都是開門的聲音。此詩便是對詩特別重視的「想像」做了具有「臨場感」而非「理性條文性」的說明。

一九八二年

II

● 只有存在於悲劇中，方能確實了解偉大與永恆的真義。

●「現代」如果沒有「都市文明」便絕對現代不起來。

●「現代」更深一層的意義，不只是要人類看起重機把摩天樓舉到半空裡去；而是更要人類以焦急的心靈，守望下一秒鐘的誕生。

羅門

現代人的悲劇精神與現代詩人

存在人類自覺精神中的不安，並不起自物理界試爆的威力，而是由於人的內在，被空無與物慾的年代追擊，逐漸同理想、希望與神遠離，造成靈魂迷失與流亡的沉痛事件，我無意用這接近哲學思想的問題來牽制藝術的活動（因爲藝術有它的世界），但我確信：當現代藝術不斷偏入人深奧的內在去工作之際，它——人類眞實思想與精神的活動面，無疑的，能給詩人創作時以強大的幅射能，使作品得到可敬的深度與侵襲『人』的力量。

哈囉！
替我將那個白晝亮著名片夜裏呼呼大睡的傢伙叫住
告訴他：「你完全偏航了
你離『人』的海岸線已越來越遠」 （羅門）

作爲一個人的存在確是不易與沉痛的。我在此所指的人，正如瑞士彫塑家賈可美蒂（Giacometti）注視下的人——它是一透明的建構，而非一閉塞的體積，故不像一般人所常識到的，是由名片，職位與餐具等外來的現象所架起的『人』；而是指透過這些外在現象，更具有靈性，自覺性與悲劇內容的『人』——當上述這些內容失去，我筆下的『人』便亦立即死去，再炫目的名片與金錢也救不了它。此刻也許有人會站出來說：「我並不關心這些問題，不是也活著嗎？而且有時也活得夠開心的，縱使有時也遇到不快……」，但我必須以下面的文字去證實你的說法是膚淺且缺少思考的，除非你已全部認清了自我，並將自我連根拔掉，讓上帝住入你的生命之中。因爲你既不似悲多芬那樣帶著樂觀精神，去通過悲劇的年代，你也不似羅素那樣淩駕著征服一切的理性，到晚年反而墜入悲劇的世界裏去。因此，你的快樂與痛苦，都顯得很脆弱與缺少『人』的濃度，而且被證實是對生命一無所知。

依上面的觀點，透視「現代人」的內在世界，它也是被悲劇所困，逃不出悲劇的重圍。當然此悲劇已非古希臘物格化宇宙觀式的悲劇，也非「浮士德」式的悲劇。它是人心被兩次世界大戰與二十世紀物質文明不斷躍進的侵害，所形成的虛無感與幻滅感的「現代」型的悲劇——它把人從形而上的靈境，推向形而下的世界去同自我談判，結果大多數人在急於生存的意願中，右手抓不到名，左手抓不到利（縱使左右手均把名利抓住，也不見得對內心的苦悶，有絕對醫治的效用），最後連他們的頭也不信神，只是把雙腳深深地插入他們不斷地感到荒謬與日漸陰暗的處境之中，去接受歲月的捶擊，他們深知自己是被虛空與死亡的意識控制著。反正人活著總是要死的，活著只是等待死的無可奈何的事，只是沉默地忍受著生命的破滅。一切既以死與虛空的意識作底層，則一切在上面造起來都將塌下來，他們不相信會有一種力量，包括從上帝那裏來的，能根本從生命的內邊將他們救出，至於教堂、博物館、紀念塔這些象徵不朽的事物，在他們看來，也只不過像是掛在老祖父胸前的一條金色錶鍊，不掛它也不礙事，絕不會賦給他們類似翅膀那樣的東西，讓他們飛越墳地與飛到天國裏去，他們自然地活在現在過去與未來不產生聯繫的孤立情景中，像福克納小說裏不幸的人物一樣──被生存的焦灼感，驅使去敲碎錶面，去扭斷指針，讓時間在沒有標記、邊際，與港口的汪洋裏流盪，於是時間是一整體之物；往往一刹那間的觸及，便等於捏住永恆的全貌，於是現在過去與未來的柵欄被現代文明的人獸碰斷了。人們往往把眼前急切的那一刹間，當作永恆來使用，同時又不斷以「懷疑」來對一切進行否定，將否定的全體結局移交給虛無的墳境，如杜斯陀也夫斯基所說：「倘若上帝不存在，則任何事情都會被允許」，他們正是渴求活在一切都被允許與不受理性及邏輯壓制的全然自由的狀態裏，他們認爲凡是虛幻的理性與架空的思想均屬爲睡眠與死亡，如果他們本身也有理性，則那理性便是一直站在他們的生存當中，鼓動他們從一切阻礙裏找回絕對的自我與純然的生命，以及自由地去面向生活的絕對權利；這種想法無形中也成爲抗擊所謂鐵幕共產世界的最有效與澈底的武器。當他們精神宣告煩亂與迷失的時候，他們覺得一支煙，一杯酒，或者一個女人，並不比一個禱造廉價，他們順著自己的處境趨下，尼采的不斷躍上與他們無關，他們覺得亞利斯多德，康德與歌德等以智自囚的哲人，不斷復活在翻版的百科全書裏，同樣是寂寞的事，他們寧願去守住那個從他們眼中不斷地跨下來的世界，那世界總是順勢倒在不可拉轉與失去把握的過去與未來之間，他們是什麼也抓不穩的人，也沒有什麼會被他們抓住，於是「虛無」不知不覺中成爲他們生存的旗面，他們對付「虛無」所使用的武器仍是「虛無」。當一個人被死亡與無望的念頭劫空過後，若不求接濟於形而上的靈境，便是被迫偏下，墜入深淵去成爲破滅世界的芳鄰；此刻的悲劇情況，便是一個人明知活著是無望的，但仍然要活下去，並且想盡法子去使「痛苦」成爲不自覺的多餘之物，且被禁閉起來，然後將內在世界的門關上，使神的聖光進不去，內在便逐漸成爲一幢沉寂與虛空的暗屋，從此荒廢。這便是被我指出來而必須撲滅的現代型的生存悲劇。

很明顯的，一個現代人對於由心靈到神地或由心靈到拍拉圖理想國的號召是不太感興趣了，他們被迫在逐日走近死亡之前，將生命及時放入享樂的火焰裏去，被迫以連續的行動塡入虛渺的時空之中去感知存在，這時空在他們的心目中，如是一隻裝滿了「死亡與虛無」的巨瓶，他們便是在這預期的死的威脅下無可奈何地活著，但不必以自殺來解除痛苦，他們解除痛苦的唯一方法，便是不去想它，讓它在一種幾乎完全失去聯想的『連續行動』中被埋起來，使審視「永恆、希望與理性」的價値世界冷下去，使煽動「人」本能的物慾世界熱起來——這個熱起來的世界，很容易燒著佛洛依特的潛意識世界；根據佛氏學理，人如果被處境迫使理性的力量鬆解或減弱，則人內在盲目衝動的本能與慾望，就很可能像一隻猛獸衝出，在都市物質文明燦爛的綠野上，找到滿足它的痲醉劑。同時，所謂痛苦這種蔓生物也在現代人行動急轉的齒輪下活動不起來。這種逃避痛苦的思想，而似機械一樣迅速地以行動去存在的「現代人」的精神形態，透過自覺的心靈的判決，則其悲劇的沉痛性更甚，悲劇中的角色正像許多現代作家所揭發的：他們是屬於迷失的一羣，他們絕不像希臘哲人戴奧金尼斯（

Diogenes）那樣被奇異的思想驅使去提著燈籠在白晝的十字街口尋找『人』，他們是燒著紙幣與銀行支票在無窮盡的夜尋找迷失的『自己』，除了感到生存的壓力之外，他們對一切已缺乏永恆的信心——此悲劇我們不妨說它是源自人類首先對於生存死亡的懷疑與默想，企圖從內在找出一條解救生命的路來，結果是越向內尋找，痛苦的程度便越深，（因爲人到底不是神，人畢竟是不堪受時空一擊的軟弱之物），最後便是發覺柏拉圖的理想人，尼采的超人，叔本華的意志人，笛卡兒的懷疑人，黑格爾的唯心人以及羅素高度的理性人，均不能將人類從因死亡念頭的威脅所產生的惶惑裏澈底救出來，所以在過去，人類想用完美的理性或先驗世界的神來引領人的靈魂與精神，活動在安定與樂觀的世界裏，都感到乏力。

此悲劇發展到現代，經過二次大戰與物質文明的猛擊，人便更了解到自己的命運與境況，並發覺人向內探討的路逐漸陰沉與被擋了，因此逼使大多數現代人從靈境轉向物界，從冷靜的博物館衝向熱鬧的街口，縱使人的感官所觸及的物界是最空的與最靠不住的東西，但對於一個寂寞的現代人的「慾望」及其缺少聯想的「行動」來說，它卻是一富於吸引力的實在的對象。由此，可進一步認定：現代的悲劇精神，便是現代人在虛無與死亡的迫視下，逐漸對先驗的本質世界及未來的理想世界，失去信心，精神也因此從形而上的靈境跌入形而下的物界，去抓住生命在最後唯一可把持的事物——那事物便是『生存』，除了生存，其他的東西，皆屬於次要的點綴物。當人確信自己永不可能像神那樣完善，人也永不可能完全成爲預先設想中的完美的人，人必須通過自己的處境，然後方能確立自己——這一觀念，最厲害的地方，便是它永遠跟蹤在『事實』的後面，像一面鏡毫不保留地照出人類實際的行動與眞實的境況，它步入人類性靈活動的不斷變化裏，它不是死的系統與法則，它是生機勃勃的走動在現代人緊急的呼吸之中，鼓動人們用眞實的自我去碰垮蒼白的概念與冷漠的理性，它對於那遙遠與不可捉摸的架空的飄渺之物，是不感興除「主體」「重人希望自己成爲那樣，固然是一種美意，但當它未必都成爲那樣時，則「希望」成爲那樣的「希望」兩字，在以「行動與眞實處境」作爲活動中心的世界裏，是缺少充分意義與作用的。此種觀點所產生較深的影響便是在此：它指引藝術家的筆尖、聲音與顏色緊緊地跟蹤到人類眞實的性靈與精神活動的任何地帶與角落裏去，將個別與特殊的眞實的『我』揭發出來，暴露出「人」的本色，叫作家們不要老躲在那「虛僞的道德」與「空洞的理想」裏說謊，應該將人的假面具脫下，將躲在屛風後的「人」拖出來，人究竟是怎麼樣就怎麼樣，用不著上帝來說，人自己也可認出自己來！也許這種揭發所帶給人類的，大多是醜惡的事實，但醜惡的事實往往又遠比美麗的虛僞來得誠實與具有實在性。現代作家便是寧願替「眞實」服務，雖然那常常是偏向病態的表現，但對於人確有親切感，且與人的距離大大靠近，近到能把不須粉飾的「人」摟住，近到能將不帶「假髮」的事實抱住，將這一個已幾乎完全失去夢想與缺乏理想的年代指出來，暴露出現代人被物質文明推入幻滅感裏的實況，而它本身是無力去使某物上升或使某物下沉的，除了某物的本身及其自己的處境之外。

『人』存在於這個年代與世界裏，執住「自我」猛烈的衝力，圖突破一切規範，獲致無限的自由而活著，結果仍是面臨絕境仍喊出：『人！做為在世界中之存在，最後是他自己的無與消失』。從這種存在觀出發，我們便不難明白卡繆的『異鄉人』（The Stranger）為何要榮獲諾貝爾獎了。很顯著與主要的一點，我認為，便是作者卡繆為一優秀的『純粹的人』的化驗者，他利用佛洛依心理學的透視力，將躲藏在人內邊的「古遠的獸性的人」，通過文化這一條漫長華麗的走廊，帶到這個充滿了現代物質文明誘惑力的世界裏來，讓它同「道德宗教及文化改造過的人」會在一起，結果讓人類在兩者的敵視與糾纏之間，看清了『人』存在的弱點——人被慾望控制，人被時空的壓力與年代帶來的幻滅感，放逐在艾略特的『荒原』上，人的內心便因此在空漠的世界裏流落。混亂的都市給人的安定精神帶來崩壞，給人的感官世界帶來破裂，給一切帶來割離，人在孤寂得幾乎可得到絕對自由的暈眩中，「本能」是很容易被不定的情緒觸動，而去把關在人內邊的被抑制的慾望——原始的人面獸放出來。這時，人常不能同神與道德站在一起，人常帶著生存苦悶的迷亂感，順勢倒入人的本能所撲擊的世界裏去，並在孤立的人身內及突變的處境中，製造悲劇。這一條被本能與慾望不斷沖激的「現代人生存」的海岸線，卡繆正讓「異鄉人」中的悲劇主角莫魯蘇自此張帆，向虛無與無望的汪洋駕去，他不再得到神的照顧，「死亡戰爭」恐嚇的風暴、「物質文明」黑暗的汪潮，早使他對過去與未來迷糊不清，他是來自不知名的異鄉又去向不知名的異鄉的陌生人，他唯一能抓住的是他孤寂與無助的自己，聽從他不斷地在內邊發生變故與下沉的自己。他是被逐出理性世界而終於溺死在人的本能與慾望所掀起的海潮裏的犧牲者，被卡繆打撈起來，當作一具現代悲劇靈魂的塑像，獻給人類。卡繆精神的偉大面，正是因他超越了傳統道德的尺度與價值，發現了新的價值，使他作品中的人物在現代新的審美觀與新的觀物態度下，發生具有籠罩性的力量與戰慄感─那戰慄感因來自人類眞實性靈活動的深層，便不斷地閃著驚怖與急切的信號──人終是脆弱的，人同理想與道德在一起，彼此常說謊，人與神一起，彼此又常作夢，人離開一切回到人自己那裏去，人便較任何東西都空虛與寂寞。

卡繆將『人』放在現代精神設備最完善但四壁非常蒼白與空漠的手術台上，然後跑到諾貝爾那裏去領獎，這個獎也把我們人類領到一個荒謬與不可信賴的茫然世界裏去等待完結。活在現代，人類的生命確已伸入了莫魯蘇的陰影，也日漸失去控制生命的固定力，人畢竟是脆弱與不幸的，人常如意地去想及理想與夢中的一切，但人的不可逃避的處境常常以相反的事實向他展示，而且人的內在世界，又像是一個不穩定的火山地帶，誰都不能預期它在何時會發作與起何種變化。當理性與道德已像用久了的鬆緊帶，逐漸失去管束現代人內在的力量，人們在機械文明與物質文明的騷擾裏，慾望與情緒的海面是何等不安與動亂，人們的感官世界是破碎與分裂的，內在是利害交關、矛盾、緊張與衝突的。此刻，任何人的希望與思想都難於依照理想的規模塑成，而往往必須隨他特殊的處境改變，他們只感到自己不斷被內在的慾望所困苦，必須用盡法子去抓住錢利，必須不斷去使「行動」同那急不容待的「現實」交往，如果在這時有人要他們停下來，將他們的所作所爲同永恆的本質世界連起來觀照，並向他們說天堂與理想國的奇蹟，他們會感到那是空話。因爲他們信奉的神，是急躁與迫切的『

生存」之神，當他們的精神遭遇到苦悶或劇痛的時候，都市會替他們準備著解除苦悶與劇痛的一切！如流行歌，黃色刊物，電影院、舞場、咖啡廳、酒吧妓院等。至於書店、圖書館、藝術館、博物館、教堂等這些地方，都是靈魂的修道院，太過寂寞與冷靜，大多數現代人還是喜歡在電視爵士樂與脫衣舞的中流與下流地帶，划著生命之船。在這些靈魂已現有裂痕的人們之中，也許有少數走運或信神而減輕內在不安的，但大多數確是在不知不覺中迷失而成爲精神被放逐的無望者，如卡爾亞斯培（Karl Jsspers）所說：「面向著極端性的情景，存在必須是尋找得充實或墜入深淵」，他們正是屬於後者，在破滅中使自己下沉。由於他們空洞的精神便也逐漸氾濫了現代，形成現代的特徵。當然絕無人希望那些絕了望與充滿幻滅感的人來代表我們人類，可是透過他們存在的處境與注視年代的臉目，我們卻與事實正對，事實告訴我們的確是那樣，如果我們用理想與希望去美化它，那將似魔鬼穿上神的聖袍一樣顯得非常不調和。他們在都市這一急劇地流動的河面上，像一羣飄落與趨下的浮葉，被一種急急趨下的力量帶往，同時「生存」又用一隻黑手擒住他們，使他們馴服與無法躍離，他們便順流而下，成爲現代悲劇的不幸的角色。這時，神與理想均離他們很遠，他們唯一能抓住的便是他孤寂的「自我」，而他們的腦子只是現代人不斷隨著處境所產生連續「行動」的總樞紐，而不再是以思想去追尋永恆存在的機關。

作爲一個現代人，企圖以不產生聯想的連續行動，去追求己利以及閃避過死亡與絕望所密佈的焦慮，結果這種處理悲劇人生的方式，被自覺的心靈遇見，則較以往悲劇中的角色所使用的更爲難堪，這種難堪的程度，誠如我在另一篇論詩的文章裏說過的『現代！它那比任何一種實體都較有重量感的「虛無」，已壓住這一代不少人的呼吸，它迫使人們領受沉痛的程度，已達到如一顆子彈擊中心部，而心未死去，被擊者必須在半死裏，忍耐地辨出將彈頭取出時的那些痛苦的顏色……』這些字，正替那羣站在現代悲劇處境中的詩人排成一座十字架，在這座十字架的陰影下，我們連續地聽到相同的回聲：霍布斯說：「不愉快像野獸一樣，而且是短暫的」；女詩人米萊說「一支臘燭，兩端燃燒」，艾略特說「用咖啡匙量出生命的深度」，詩人黎普頓說：「我們與什麼都無關聯」；詩人魏爾伯說：「他之形成，是以無數的告別」，存在思想的作家們也一致放出他們的利箭：「人不過孤獨地生存，在上帝已死的世界裏，毫無價值，人愈知自己，就變得愈壞，（這處的壞字我想是指心靈內的遭遇，與作惡無關），他們所能作的就是活下去，接受最壞的生活」，法蘭茲卡夫卡終於發出最後的哀鳴：「一切阻礙毀滅了我」，某些現代作家更把人類生存的舞臺——社會，作了確切與深沉的描畫：「所謂社會這東西，彷彿就像掛在舞臺上作背景用的一塊畫布，更襯出主角心靈的孤獨」……這些來自不同方向而都幾乎是趨向一處的音響，已像是深入靈魂內去的列車的笛聲，不斷響動在現代物質文明所架設的虛空的軌道上，使我們領略到人存在的悲劇性，在「機械至上」的現代都市裏，急急變色。人在生存的壓力下，已缺少乃至已失去把握自己命運的力量，只能把不可預知的結局，連續交給變動的處境去安排與作決定，形成一種新宿命論的傾向——這種新宿命論，便是由人確知自己非萬能的神而不能不去面對的。

人在不可避免的死亡的意念內，如果他的心智是醒覺的，他將預料到人的一切掙扎與努力的熱度，總是免不了在時空的壓迫下冷縮下來，這時樂觀精神的威力，確像兒童的玩具一樣易於損壞，因爲在人的一生中，樂觀的希望與悲觀的絕望雖輪派佔據人的思想，但兩者到後總是一同靜止在死亡所看守的茫茫世界裏，這一個可慮的事實，自人類有歷史以來；總是不放過一個清醒的靈魂——迫使它在對生存默想時，便連續陷在困惑與不安的失眠之中，如海湼曼所說「近代人的懷疑與懷疑論轉向內在一面，落到人身上，而因之引向絕望」。人面臨絕望，常跑到神那裏去呼救，而我認爲這股信神的力量也不過是被死亡迫出來的，是人類個別的「自我」被時空擊敗後，受傷的靈魂在無望中所浮現起來的一個美麗的幻覺世界。如果人類個別的『自我』是不死的，我想尼采的「超人」將大大慫恿『人』的驕傲達到去指『神不過是影子』的地步，唯有『人』才是全能的。就因爲人類個別的自我在時空的範疇裏不堪一擊，人類美麗的遠想本應該是被死亡護送到上帝的天國那裏去的，但大多數生存在現代的人，卻表現失常了，他們在死亡空漠與絕望的迫視下發怒了，對神也反臉了，便發瘋地衝向懸崖之頂，去向都市歡呼，向天堂揮別，支撐他們生命的不再是禱告、神旨與精神上的昇力，而是慾望世界裏的「狂熱」，他們幾乎形成爲一群追隨物質文明與吞吃機械成品的人獸，且在受傷中斷喊。

本來，在一個人面臨無望，一條路便是走向自殺，一條路便是在清醒與自覺中忍受生命破滅的痛苦：前一條路被現代人採用的普遍方法，已不像以往悲劇角色所常用的：將肉體殺掉，去結束心靈痛苦的行程；而是利用物質文明的力量，倒過來先將心靈殺掉，單獨讓肉體繼續在本能的慾望中活著——歡呼美國是美鈔與女人的世界，法國是香檳的國度，東京是妓院，物質與機械文明的廿世紀，則如C．桑德堡所痛擊的「鐵的都市，他們告訴我，你是淫邪的」。此刻，連老學究手執住的倫理學，也被物質文明帶來的風暴，吹落在地上……這種奇妙的精神自殺方法，在我訪問菲律賓時，與菲大教授康沙禮士博士談起，他曾稱這是「羅門式」的精神自殺方法，當時我連忙請在旁的翻譯者補充替我說明，說我指的是許多現代人的精神自殺方法，我並非那樣，我是給此予以猛烈抨擊的。當我遭受到時空的壓力與現代的空漠感侵犯時，我是帶著詩與藝術一同走進那含有沉痛的美裏，去擁抱自我的生命。至於後一條路（在清醒中忍受與抵抗著生命破滅的痛苦），便是留給那群具有自覺精神的人去走，也是讓那群靈與肉都陷在極端不安與苦痛的詩人與藝術家們去走——他們是在燈下守住自己與全人類傷口的人，當他們看見『絕望』的刀尖，正指向那些失去自覺的人們之背時，便禁不住將那事實喊出，但難於替那些人出主意，只讓那些人在自己眞實的處境中，看清自己存在的眞況，隨即顯示出一己的反應。因爲在孤寂的年代中，人被困在個別的特殊環境內，任何人的行動皆是由內在的自我做決定，誰都難強迫誰成爲誰，上帝有時都不能。在『自我』不斷地嘶喊的呼聲中，作爲一個被現代精神圍困在悲劇內圈的「詩人」，如果他也是迫於趨下的（此刻的趨下與下流無關，此刻的趨下是精神低沉的符號，它是沉痛與流露悲劇氣氛的），同時也站在無望與被擊的死角裏，那麼叫我們如何去在一個已註定無救的人身上施行希望與理想？相反的，如果他是趨上，將生命對著虛無壓力的來向推進，就好像是當人們從無望的火區逃出來，他卻向火區走去，爲那些未完全被燒燬的「希望」努力，如馬色爾（G.Marcel）筆下的英雄一樣：「步入絕望的深處，把人從無救中提出，重置入希望之中」，則他便是站在現代存在觀的另一個極端，代表現代精神的另一面，相反於前者的頹廢消極，而它是積極與嚴肅的。然而無論是屬爲前者或後者，都跳不出這現代悲劇範圍的兩個極向，它若不是帶著絕望跳下深淵去與「虛無」握手，便是像西西法斯抱住希望爬上高處，最後仍是面對冷然的「虛無」。

現在我們將問題移近詩的方面去，我認爲凡是人通常稱爲「現代詩人」者，便是指他的精神是活動在上述的現代悲劇世界裏的那兩條軌道之中的一條，否則，在藝術莊嚴的批判下，他將被擠出現代詩創作的內圈，因爲我們一談起現代詩，除了著重詩人的表現技巧是現代的外，更要求詩人的情感形態與精神模式也必須是接近現代的。我們實在不敢置信一個單憑靠技巧的現代化，而思想內容與現代人無關的詩人，能在現代詩中有驚人的成就。我認爲較大的勝利應該投給那些對「藝術本身」與「年代精神」都達到完美表現的詩人，因爲他們被視爲當代精神堅實的塑像；他們從這代人空洞的眼神與靈魂發出呼救的信號中，傳達異於傳統的新事物，使我們站在較高一層的文化精神的螺旋塔上，去發覺『人』存在的新領域，新形態與新內容；他們把藝術與人連起來，與世界連起來，與所有必須完全開放的時空連起來，並且理解勞倫斯「爲我自己而藝術」的『我』字在現代創作中的重要性。這個『我』字的含義，在現代藝術思潮裏，已不斷被鑑定爲「人」的主要內容，被指認爲時空與萬物活動的軸心——如歌德在浮士德一書內所強調的：「我的自我能向他們的所有的自我擴展」；德國哲學家希來爾也有同一的看法：「人除去他自己，是什麼東西也不能給予人類的」；最近與世長別的大詩人佛洛斯特也有過相類似的想法：「我所欲保留的，只是我那實體的自由——就是身體與思想隨時隨刻的自由，以便從過去所經歷的最大渾沌中適切地召喚自己」；由此可見『我』字含蘊的淵廣與重大了，它是構成人類完美世界的基本因素，它由人身上離去，人便落空；它是人存在的唯一可知的符號，它在詩人的內在活動若不是代表了當代文明主流中的人物的特殊精神的活動，也必代表具有人性與精神的非當代文化主流中的人物的活動。顯然代表著前者的『我』去從事創作的詩人，便往往是站在現代物質文明的陰影與機械的交響中，去揭發與批判人類靈魂的迷失煩亂孤獨與虛空感；而後者便是在有意或無意之中避開這一條現代人精神不安的軌道，而把自我安定在田園型、廟宇型、或爲烏托邦型的精神世界裏，去從事創作；他們兩者雖都同時在從事詩的創作，都同是在創作中表現『人』的精神活動的詩人。但因其所表現的『人』的精神有現代與非現代之分，故他們在創造性與年代感所獲得的評價當然也兩樣了。

作爲一個眞正具有現代精神的詩人，當他的內在碰在現代那條被物質文明燒紅的『精神虛空』的火柱上，其形成的悲劇：可能是「希望」未全部被碰碎，詩人仍做希望的修補者；亦可能是「希望」全部被碰碎，詩人步向絕望。此刻，我們雖不贊成他們都去成爲達達主義的信徒，對一切搖頭；但也難向他們誇說：「生命充滿了無限的希望」。我們唯一能作的，便是向他們提出警告，當你們趨下，被迫在虛空的精神世界裏逃亡，你們必須確實認清自己，如果你們的處境並不那樣糟，是不是除了跳進深淵，就沒有別的去向了嗎？如果你們的處境仍容許你們去信賴那尚未完全破滅的希望，那何必去把那燃在風夜中的這一點生命之火也熄掉呢？

我們頗了解許多現代人被困在「內在」孤獨的痛苦中，迫著去設計自己生存的途徑，如果他們已日漸感到那一切的努力，皆不斷被不可征服的時空之重力擊倒，其精神也因對生存世界的過度敏感而陷入懷疑與無望之境，則上帝的仁慈之梯，也難把他們從深淵中救出，誰還能夠呢？他們的精神在遭受澈底挫敗後的路線，便是設法逃避痛苦，禁閉痛苦，同時順勢將慾念世界推入物質文明的吸引力之中，造成一種「趨下」的現象。這現象，在日漸工業化的都市裏得到充分的證實，黑色咖啡室與酒巴林之，搖滾樂滿街嘶喊，大菜館引誘著腸胃，巴黎香水溺死維也納，高跟鞋踢斷海菲茲的琴線，教堂六天關門，靈魂迫著出走，直至禮拜日才狼狽地跑回來。他們在物質文明的高潮中，拼命追隨錢利與女人。地位與榮譽在已都市化的人們的眼中，雖是尊貴的名詞，但錢利與女人到底是一個精神虛空的現代人，寧可忘掉道德、宗教去親近的東西，他們以「錢與女人」的含義去解釋人生，去織綉生存的旗面，當他們被痛苦擊傷，他們的藥物便也就是「錢與女人」，這兩樣東西雖不能使他們眞的得救，但卻可使那無望的痛苦暫時停止發作，正如一個吸毒的人，不能將毒癮根除，便以毒去攻毒一樣。面向著這一個現代思潮的流向，我們如果要反對與批判它，首先則必須勇敢地承認它逐漸擴展的威力與事實，並且接近它，然後才能著手，否則我們的批判將失去對象與準確性，將誤指喬哀治的「將機智的亞利斯多德的心智帶進酒館與妓院，使性美學與靈美學起內鬨」的話是不潔的，事實上，如果我們的觀察力確已伸入現代人的內在精神的底層；同時我們也贊同說實語，則便不致責備喬哀治上面的話是污邪的，相反地，我們會認爲他的觀察力是深入且銳敏的。

的確，一個詩人尤其是一固現代詩人是絕不能逃脫一己的思想與精神所發覺與觸及的眞實，否則他的創作會落空，乃至是虛僞的；同時他一己精神與思想的表現，往往便也就是他對年代的實感或預感，我們實在不敢置信，做爲一個現代詩人，他的作品，能與現代人類思想與精神的發展動向毫無關聯。一切藝術，尤其是詩，勢必自心靈的深處出發，而心靈應該是解釋爲其生存的周圍世界（這世界可廣及全人類的）所具有自覺性的思想與精神之物。的確一個現代詩人的內心，殊難離開『人』的世界，更不能與『人』絕緣，凡是與『人』絕緣，沒有『人』在內邊的一切活動，我敢說它不停止也等於停止了！藝術更是如此。一個詩人，如果漠視或失去『人』內在的潛力，僅抓住「形式至上」的信條來創作，則他難免要遇到下面所述及的兩種失敗之中的一種：一種便是詩人感到玩弄藝術的「形式」，並不比眞實的生存本身可靠與有意義，因此改換行業；一種是他不可能成爲被人類敬慕的偉大詩人——像梵樂希那樣被贊美爲沉默之聲，像里爾克那樣被譽爲斯賓諾莎哲境內沉靜的塑像，像桑德堡那樣被冠爲工業美國的桂冠詩人——這些詩人都是把「人」與時空磨碎在作品裏邊。

我們若身爲一個夠格的詩人或讀者，則不難了解與承認到這一個事實——那便是當一個詩人的內在，日漸豐富與成熟，他的心靈也隨之成爲那萬感交集的思想之海，其詩的闊度深度與密度的活動也自然大大增強，在這情形下，詩人必逐漸覺察到『詩』是應置在靈魂的深處，去沉思默想，才能抓住它眞實的深度。因此，我們也許可分辨出：所謂第二流現代詩人，便是善於把活動在現代人感官世界內的交錯現象捉來，裝在現代詩的形式內，而在那形式內，聽不見「人的靈魂」與「時空的絞架」的對話；至於第一流現代詩人，我認爲便是能把現代現象與現代悲劇精神串連起來，一同裝在現代詩的形式中，在那形式中，人們可看見人的靈魂在時空的絞架上喘息，可感覺到作品在人心上的衝擊力。一個詩人如果棄筆與詩告別，我認爲這很少是因受「詩形式」的壓力，而這幾乎都是因詩人的「內在」已形貧乏與失去創作潛力的衝動之故，正如自來水因水量不足，而水壓失去便停止活動一樣。

由此可見「詩究竟該如何去表現」這一居於方法與形式上所發生的困惑，仍不致惡化到使詩人的創作生命斷送；而眞正嚴重的是，究竟有沒有東西仍在詩人的內邊迫著詩人去寫，這才足以構成詩人創作世界是活躍抑是沉寂的主因，才眞正能決定一個詩人的創作生命究竟是繼續存在或宣告死亡；因爲人的一切行爲皆受內在的思想支配，詩人的創作行爲也不能例外；一個現代詩人，如果他也成爲現代物質文明鞭子下的逃亡者，被迫去作懷疑論『？』號內的俘虜，去同虛空的年代爲鄰，去像達達主義的信徒一樣，將生存的意義與價値委託給死亡，則他的藝術生命也難保在對一切失去信心時，同時遭受毀滅。當然我們不希望而且反對這種自殺性的生存意識，進入詩人的內在，我們仍望『詩』是一種具有人生意義與價值的東西——它將『生命』喊住，它指出『人』與宇宙相處的方位，它喚醒潛藏在奧秘中的『眞我』與萬物的美感，它把在虛無中的『人』置在沉痛的看管下，使之成爲一高度嚴肅的實在；它更提醒詩人，在這年代，人雖不宜去預先懷著多大的希望與理想來生活，但在面臨絕境時仍必須堅定地去收聽生命走動的聲音，並且盡可能去同本身的痛苦與快樂接近，去建起眞實精神的萬有之源，去沉醉於沉痛與美的力量。這樣才會體認到：樂觀精神揚起的笑聲所形成的尺度，往往不能達到生命的最深處；虛無論者的不斷對世界進行否定，也只是造成人一連串的消失與帶來生命不斷的逃亡。因此可見現代人經得起捶擊的強大的希望，並不僅是爲了去贏獲什麼，而是如何使「靈魂」與「虛無的年代」在沉痛裏交談，使一種莊嚴的力量，在希望與無望所交錯的平面下，如一道光升起。如果這道光也沉沒了，則一個具有內容的『人』便也失去被發見的線索。我們知道，植根越深的樹，其生存性也越強，人類的生命也是如此。『沉』痛在現代顯然已成爲一個現代詩人打開「自我世界」最靈敏的鑰匙。

當一個現代詩人面向著這極端不安與動亂的現代風浪時，他詩中所顯示的精神形態：若不是堅定信心設法通過它，便是毫不抵抗地順服它，或者是見而避之，或者是與之相背而馳，無論是屬於上述的那一種，都終歸不能逃脫『人』，上面已一再說過，任何藝術，尤其是詩，發展到了現代，它若是與『現代人』的精神缺少聯繫，我們雖不敢全然否定它在現代的地位，但在生存比一切都預先存在的現代意識中，在廿世紀高喊『生存』甚於一切的急潮中，我們敢說，凡是與現代人「性靈」缺少摩擦力的作品，或任何與人脫節的形而上的工作，都將顯得脆弱與缺乏吸引力。所以史班德說：『詩不是摩爾凡爾的鹿，吃蓮花過活的』。我想詩在現代應該是連續追擊『人』的一種最厲害的東西！

誠然、一個都市化了的市民，透過工業社會緊張與複雜的橫斷面，去鑑賞田園的風光，自然是缺少閒情的，同樣，一個悠閒的作品，又如何能把泳在物質文明急流中的『人』喊住與拉住呢？我們眼看「現代」已把大多數人不斷自形而下的世界推下來，美的幻想與理想以及非從人身上開始的形而上的藝術表現，都同樣被視爲精神的不切實的飄忽之物與奢侈品，皆放置在離現代人掙扎的手臂很遠，而眞正能與現代人心靈碰擊如釘錘與鐵釘一樣的，是人的迫切的「生存處境」──它是精神活動的控制站，一個現代詩人內在思想往來的通行證亦必受檢驗於此，否則便將被指控爲現代精神文明的逃兵或隱世者。我無意把詩與藝術全都推入現代這一條專一的軌道上去，雖然它是現代人（也是現代作家）精神活動的主要幹線。我只覺得任何藝術作品的生命，必來自作者的內在世界，而作者內在世界潛力的強弱將影響到藝術的生命；此項潛力，它既可在作者不斷偏入靈魂深處去進行探險時，因感到「苦悶」與「沉痛」的壓迫而愈能強大，也可在作者精神生活平凡與不夠深入時，逐漸失去。詩人最大的死敵便是「庸俗」，「庸俗」可使詩人的靈魂與思想的鏡面變爲一塊毛玻璃，什麼也看不見。克羅齊說：『詩人在創作時，理智已借給他眼睛』，我認爲這眼睛必須由詩人用「孤獨感」與「沉思的遼遠的靜境」來維護它的明度與使它保持良好的視力。

一個詩人或任何藝術家，如果不誠心專一地將一己的生命獻給藝術，僅存心以它爲工具，來達到其他目的，則這種失敗是從根本上開始的。「藝術」已被鑑定爲優越與高超的人的食料，在人與上帝之間，一個偉大的詩人——他是『智慧』的卓越的領主，引領人到『人』的世界裏去；他是完美的「事物」與『人』的設計者、製造者及其內容的判定與輸送者，他活動在『人』與『萬物』的核心世界裏，追擊「美」，追擊超越的「實在」，他與偉大的哲學家雖同時在處理一個以「高度智慧，充分自由與醒覺人性」作基礎的絕對世界，但哲學家工作的成果，是形成人類思想的確實的軌道，而詩人工作的成果幾乎是形成人類靈魂呼吸中的氧，他更高的表現，便是將『人』從冷酷的物理世界與不夠活潑的哲學世界所製造的沉悶價値中救出，帶到一個充滿了「節奏」「旋律」與被「美」所監視的交感世界裏去——便『人』被一種渾然與震撼的力量所籠罩，使『人』在一面光潔的鏡上，看見眞實的自己與世界，所以我認爲哲學家與思想家是在『人』的地面上點燃火把的；詩人與藝術家便是將那純然的光輝帶到『人』的天國去同上帝的天堂爭光的，結果被批評家浮梅指出：「藝術與詩人終於要陷入與上帝競爭的罪孽裏」。當我們已檢定詩與哲學只是芳鄰而非血親，我們便同時聽清楚了科立芝（Coleridge）的話：「一個作品不用形象而思想是危險的，但我希望哲學與詩不要互相抵觸」，由此可見詩是爲「美」與「人類精神的深度」工作的——把人從沉痛與喜動的思想中過渡過來的一切具有威脅性的「美」，放在深遠的生存境界裏，用來養活純然的「世界與人」。我的確無意在此證實，人類在含有哲學意味的一切思想活動，必會波及到藝術家以直覺注視的美感世界，但有一個理由，使我不能不用這篇長文，來指出『藝術』的確住在人類富於思想性的心靈裏！因爲這種心靈是悲劇精神的田園，一個偉大藝術家的創作，無論如何是離不開這悲劇精神的田園的。雖然藝術家所耕出的藝術的果林，是呈現在此田園之上，高出田園，是屬於另一事物的存在，但果林的根必在田園裏。所以我在其他論詩的文章中特別強調這一點：詩人與藝術家圖將人在時空裏活動的悲劇精神與思想，從創作生命中全部逐出去，那是不可能的，這種不可能，正像一個人想跳過自己的影子一樣，終歸失敗。關於此一點，對於那羣被時空連續擊傷的較成熟的詩人們看來，更是這樣，尤其是當文學與藝術被推入「現代」，它的確已形成套住現代人性靈的韁繩——將艾略特套在『荒原』上，將卡繆套在荒謬與絕境中，將海明威套在空漠的海裏……也因此更加強悲劇精神向現代人內在世界的搏擊力。由此，我認爲一個詩人的悲劇精神能不斷豐富，同時對於『人的內在潛力』的預存工作又能不斷加強，則在創作時，將有一種看不見的力量，偷渡到詩人的直感世界裏去，潛到作品裏去，感到讀者者的心裏去，形成可敬的深度，引起精神不可分解的震撼力。

任何偉大的藝術家都難逃避卡繆的話：「他們必須同時服役美與痛苦」，也就是勢必在心靈的深處與悲劇精神進行深沉的密談，否則，作品將因此失去向『人』內在作侵略的最大力量。而這悲劇一邊是由不可抗拒的時空所形成的擊力，加速地自上面直擊下來，一邊是由戰爭死亡及現代物質文明帶來的動亂、不安與破滅感，加速地自下面直擊上去，現代人便是置在這中間的被擊之物，現代藝術家與現代詩人便是領略到這被擊的痛苦與抱住現代悲劇在藝術的世界裏逃亡。此刻，我們能對所謂『虛無』這一爲現代人常常談及的名詞，重新以認識與鑑定它的內容及意義，則對於現代人精神與現代文藝術思潮的探究，多少是有幫助的。譬如達達主義所持的虛無觀，因它付不出代價，它很少與『沉痛的悲劇』接談過，缺少莊嚴與持重的精神面，故我們反對它對一切進行著太過輕易的否定，它不但把人類抓不牢的過去指說是黑暗的墳，它甚至把現在與未來也指爲不過是用光向人類招手的棺，它是不負責任的將一切殺死後，便轉回來自殺的虛無論者，我們反對這種近乎胡鬧的行爲，更反對這近乎是文明野人的生存意向；但我們如何來反對卡繆的『異鄉人』？如何來抨擊艾略特的『荒原』與海明威的『老人與海』，那種被沉痛悲劇所籠罩住的「虛無」？——它是超越了人類樂觀與悲觀所架起的更高的精神層次，是更步入一深廣與冷寂的萬有之源的靜境，抓住一個超越性的實在世界，人在這茫然但又如此實在的世界裏前進，便像前進在空曠與風沙交加的漠地上，更感到生存的急切，更領受到孤獨與嚴肅的悲劇性，同時也更顯示了人類精神深遠的潛力、在激烈的撲鬪裏接受到偉大的考驗，而引起某些不朽的感覺。此刻，如果一個現代人的「內在」對它毫無覺察，我們雖不敢指出這種人的性靈機能是故障了，但我們至少可確定：凡是不正視年代與探究人與宇宙相互活動的全部結局而所持住的樂觀精神，它都是缺乏深度的！將它放在卡繆、艾略特、海明威的眼睛中，那不過像是孩子們的健康的笑，只屬爲「人」一部份的生存力，並不能包括了人類精神活動的整體；而『虛無』這一溢滿了莊嚴悲劇性的

「存在」，當我們想避開而終於又碰上了之際，它在人類精神上所加的壓力是夠沉重的，迫使人由它那裏眞正了解永恆與偉大的含義，我們雖不同意達達主義戲弄式的虛無，因他們近乎是病狂者，將世界像玩具一樣摔碎；我們也可漠視那些近乎是迷信神的愚昧者，因他接近無知；但對於被虛無意識打擊下的卡繆與擁有宗教思想的神父，我們如何反對他們那經過高度思考與空而後實的生存境界呢？

人有時樂觀活著，有時也悲觀活著，一個藝術家對於『人』的注視，往往是瞪住那些帶有籠罩性的精神威力，看它如何絕對地佔領『人』，如何產生出與上帝同樣奇異的神秘感與作用力，而不僅是叫人類面向著世界終日哈哈大笑。事實上，當我們對這具有莊嚴性的『虛無』不夠了解而妄加指責時，我們同時也許是在損壞或放走裝在『人』體內的一部份優越的內容。如果我們是沿著歲月之梯，帶著測探悲劇精神的「沉痛」，步入虛無之境，我們很可能因此成爲桑塔耶娜藍色視境內的生命樹，成爲上帝沉醉的人，成爲超越不凡的存在——正如我們所尊敬的羅素與悲多芬的精神一樣——羅素年青時曾企圖以理性去征服世界，但到了晚年，羅素說：『我！羅素究在那裏？將去那裏？』這聲音確較笑聲有力，這聲音無形中已喊開了虛無世界之門與驚動了人類深沉的思境，且在人與宇宙萬物交互運動的總結局之上，不斷鳴響而成爲人類精神最高超的建築性的虛無，它像是精神高級的白蘭地，而達達主義虛無無論者所飲的不過是一杯劣酒，悲觀論者所飲的不過是一杯苦酒，樂觀論者所飲的，不過是一杯菓汁。當精神的多種反射力，落在人心中，一個作家（尤其是一個現代作家）往往集中精神去對付的，是那股在平靜中不斷地向內進行壓迫與侵略的沉痛的力量，因爲它去得最深最遠，它具有一種絕對性的壓倒力量，使有心力的作者與讀者成爲它的追索者，接受它的挑戰，而感知存在。讓我們在此再用嚴肅的態度指出：帶有悲劇性的現代虛無精神——這一超悲觀與樂觀的更高的精神層次，確已成爲現代藝術家與現代詩人仰視的目標，注視的焦點。這一悲劇事實，我們用不著誇說與強調它，也不必將眼睛閉上，說它不在那裏，詩人與藝術家更不能說謊。我們雖反對那羣絕望與趨下的病狂者，嘶喊一切都在破滅的過程中，乾脆將世界加速地推到深淵裏去；但我們對永恆兩字確感到它在現代迷朦了！我們唯一能做的，便是順著自己的處境活下去，在逃避不了的最後終結的審判之前，仍鎮靜地想出法子去靠近快樂與忍受痛苦，仍沉著地面向虛無的時空，並在通過它時，設法攀住那股超過失望與希望之上的沉默的力量，去確定生存唯一的意義與價值——這唯一的意義與價值便是產生在『靈魂的雙目透過沉痛之窗，在「世界皆空」中，沉靜地去注視人與宇宙的全部結局裏。

當現代藝術已由贊美田園的寧靜、如意的希望與理想，轉向揭發人內在的動亂與虛空，而成爲追擊人的眞實精神的力量；一個現代詩人或現代藝術家能把握住這一個新的精神活動面，則他便是擁有一個較特殊的創作田園了，也很可能產生出不凡的佳作，我作如此看法，並非叫詩人或藝術家停留在人類精神活動的哲學世界裏，去和哲學家站在同一角度裏，合用一雙眼睛來觀察。事實上，詩人眼睛所注視的境界更具有神秘性與誘惑力。所以在這篇文章一開始，我便首先聲明：我實在無意用這接近哲學思想的問題來牽制藝術的活動，但我相信，當現代藝術不斷偏向「人」的深奧的內在之際，它確能給詩人在創作時以強大的輻射能，使其作品得到可敬的深度與更大的威力圈；同時我相信一個現代詩人或現代藝術家，如果他能在一己的內在擁有強大思想與精神的潛力，則他是站在一塊很佳的跳板上，這跳板將以優良的彈性，把他的創作勢力，射到更高與更遠的地方去；至於一個現代詩人或現代藝術家，如何去操縱與控制他一己的創作勢力，如何去將自我精神通入一切之內，創造出一個超越性與被純然的『美』所監視的世界，引起靈魂的震撼與驚贊，那是屬於詩人與藝術家更重要的專門工作了——此工作便屬於美學上的範圍也就是如何運用藝術技巧，將人類經驗與認識的已知世界，通過美的過程，轉化到一個更高更實在與更純然的『形式』裏去，成爲「事物」與「人」存在的最佳模樣。

——一九六三年

註：本文寫於一九六二年，收進一九六三年由藍星詩社出版的「第九日的底流」詩集。當時正是現代詩開始受現代存在思想的沖激。

對「現代」兩字的判視

現代它更積極與深入的意義，並不只是要我們去注視一架起重機奇蹟地將一幢摩天樓舉到半空裡去，而是要我們銳敏的心靈對即將誕生的下一秒鐘予以焦灼的守望與期待。

（羅門）

我認爲「現代」雖是因科學力量帶來極度的物質文明，使人類生存環境引起劇變，所形成的一種特殊時空觀念；但我對「現代」更深入的看法，是它的積極意義，並不只是使我們驚異地注視一架起重機奇蹟地將一幢摩天樓昇到半空裡去，而更重要的，是人類銳敏的心靈，對下一秒鐘焦灼的守望與期待。依這觀念，我更覺得有人一提起「現代」，便那麼畏懼地認爲它是屬於西方的，這確犯了很大的錯誤。殊不知「現代」它並不只屬於任何一個地區的，它是屬於西方、東方，屬於全人類每一顆敏度與悟性不等的探索的心靈的。我們之所以容易以爲「現代」是西方的，那是由於一種錯覺，因爲人類已越來越面臨一個被物質文明所推動的生存面。而物質文明發展的地域，偏於西方國家，所以我們以爲它是西方的。殊不知物質文明的本身永遠是一種「中性」，它沒有態度與表情，全駕乎於人。而任何人都沒有絕對的理由去抗拒物質文明對人類生存環境所提出的改進。當我們不斷的接受它所呈獻的多彩的生活時，便也是在不斷地承認它的價値與意義。同時，我覺得每一個人，都企圖不斷地超越自己生命活動的座標點，而「現代」對於他來說，便是此刻他站定的座標點，所面對他一己生存與體認的時空。由此我們雖已從根本上，找到每一個人個別生命存在的現代性，可是我們全人類所共同面對的現代性將如何去確定呢？這便是問題的重心，要我們去從那無數敏度與悟性不等的個別的心靈，所面對的諸多不同的現代性中，去進行審視與體認，並發覺大多數人類的生命與精神的活動，已進入（或可能進入）這一共同特殊時空的座標，因而我們便往往在談話中或文章中，提著「現代」兩字；其實它就是大多數人，甚至全人類所已面臨的特別時空，它以一種日漸都市化的壓倒性的生存力量，逐漸地向世界每一個角落延伸，使無論是東方西方，都在無論是懷著好感或反感來接受它。這種逐漸泛濫入人類全體生命中來的生存趨勢，變更著我們對事物與生命所採取的觀點與價值觀，這也正是所謂「現代」提供給現代藝術家與現代詩人去從事創作的新境與新的面目。如果有人問我現代詩究竟創作的什麼？那我的答覆便是詩人透過他存在的現代環境，而用詩去表現出他一己眞實的心感活動，這也就是說，當一個詩人帶著一己的靈智以及美感的心靈，非常執著且專誠地向生命與事物的深處探索時，他不能不接受「現代」不斷帶來的物境與心境所形成的某種「變性」與「扭曲性」——它確實作用甚至更動詩人在觀察事物與生命時，採取不同於往昔的視向與審判的態度，同時也影響著詩人在詩中所運用的材料與方法……這也正是使現代詩人與現代藝術家不斷獲致創作生命的「現代性」之機能。說得更顯明些，是人類已越來越將巨大的智慧運用在創造第二自然（都市化生存環境）的趨向上，這種發展的可能性，顯然是在不斷加強與趨於強烈，同時大多數人類，也是越來越被牽制在這一富於現代生存意識的新環境中，迫著去對激變的外在世界顯示出新的感受與反應，這是自然也是必然的現象。尤其是心靈敏度高的詩人與藝術家，更是逃避不了這一眞實性的心感活動的，它已日漸成爲詩與藝術是否具有現代感的試金石。我不敢苟同一個故意使自己同現代生存環境隔離甚至絕緣的詩人，能使他的詩加上「現代」兩字，當然他可以去寫別些疏離這代人存在意識的詩，但要寫現代詩，他怎能離開人類已（或逐漸）面臨的現代生存環境？所以我確信唯有主動地將自己的生命推向整個人類已面臨的現代世界，透過眞實存在的感受，他的詩才可能確實地進這一代人眞實生命活動的傾向之中，而創造出具有現代精神與現代感的的作品來。如果我們將「現代」這一特殊時空的座標，比喻做「臺北市」，那麼住在「臺北市」以外的人當然是生活在與「臺北市（現代）」脫節的另一些境域裡；即使是住在士林（臺北市範圍內）而未到過西門町、中山北路、衡陽路、圓環等屬於臺北市中心的人，他同樣是缺乏生活在臺北市（現代）的眞實且深切的經驗的。我做這樣的比喻並非是說生活在「臺北市（現代）」，才是確實活著的人，活在「臺北市（現代）」以外的人都不存在了。我只是想盡力分明出究竟誰活著是含有現代感；同樣我也並非認爲一個寫著富於現代感的現代詩人才是詩人，而寫缺乏現代感的其他方面的詩的詩人，便失去寫詩的權力了，而且事實上我們目前仍有不少舊詩人，用古詩的形式，在重覆的寫著古代生活情境與經驗的舊詩，也有不少新詩人仍寫著五四時代那種流於表象與平面抒情的詩；可見我只是極力想分明出一個創作者的精神究竟是具有現代感或沒有現代感，以便確定「現代詩」之特殊性。至於我贊同與強調詩的現代感，那是完全站在詩與藝術之「創造性」的積極意義上，因爲「現代感」對於個人或全人類（尤其是詩人與藝術家）的生存世界，永遠是具有強烈的變性與超越性，給人類存在能不斷帶來新的經驗與體認，而也賦給詩人與藝術家創作上穎新與豐富的資源，去創造與提供出昔日未有過的新境。這一事實，如果我們將現代詩人的作品以及舊詩人的作品與一部份缺乏現代感的詩人的作品放在一起，我們便清楚的感到無論是從藝術形態與作品精神上看來，都可清楚地看出那些詩是重覆著固有而深深地陷入那缺乏創意的殘舊之慣性中，那些詩是逐漸迫進人類生存新的物境與心境所創造出來的穎新與富於現代感的現代藝術作品。說到這裡，雖表明我強調任何一個詩人的心感活動，已不可能逃避科學文明所帶來的物質環境的影響力而寫出富於現代感的作品，但我同時又極端反對感覺主義所主張人是被動地工作於物質環境的一部收發機。我認爲人（尤其是詩人）對外界的感應是更具有選擇與審判的態度與心智的，而且是應該站在主動位置上的，這也正因爲科學文明所展開的物質環境是中性世界。是故，我雖強調一個現代詩人，在創作時他的感覺必須眞實地通過現代環境的感受面；但這項受現代環境作用過後的感覺活動，是更必須進一步通過詩人內在的靈智之觀照，才可望成爲那種與心靈活動發生關聯後的深遠的意境。於是我尚可在此大膽的說，一個關心到全人類生存動向的詩人（或其他的藝術家），他的創作精神便是一直活動在這具有「現代感」的前衛地帶，而隨時可能觸及未來中的創作的新境，而這種具有創造性的作爲，當然是超越且不凡的，更不是抱殘守缺的詩人能比的，因爲他的筆下能不斷出現往日所未有的創造過程，給人類提供出新的貢獻。

此刻，如果有人認爲現代文學與藝術是強調這代人活在都市文明中，他們的精神都是落漠的，孤寂、空虛的、甚至遠離神與上帝的，那我則認爲用「強調」兩字是不適宜的。我只認爲現代作家的確非常熱衷於向生命與事物存在的內層世界探索，在達到一切的完美性之先，他必須通過那一切存在的實性，於是他也往往不能迴避地看到這代人在追求物質文明的過程中，其內在世界確遭遇到海明威所喊出的「這是失落的一代」，而自然地也站在人道精神上，做如此的揭露與指控，但我相信他們絕不會去強調甚至贊同這種灰暗的難局，他至多只像是一個內科醫生，執著X光鏡對準一個病人，至於在X光鏡下，透露的眞實病情，便不是能由醫生隨便說有就有，說無就無了。所以我深信任何一個具有智慧與良知的作家，在基本上，是較任何人都反對人類的內在世界蒙上暗色的。

但如果人類的內在世界確已蒙上了某些暗色，那麼一個作家便往往是應該發出警示的，縱使那工作困難有如從傷者傷口取出彈頭已形成沉痛的悲劇情況，但那工作仍是要進行的。

最後我深深的體認到，做爲一個具有創造與展望的中國現代詩人，他首先必須是一個領受過中國有機傳統文化的中國人，同時他必須是一個顯已生存在現代環境中的現代中國人，同時他也必須是一個關心到全人類存在的現代世界中的人，最後他更必須是他獨特的自己，唯有站在這一完整與複疊的精神活動層次上，才可望在詩的創作世界中，創造出那獨特且感人與偉大的現代作品來。

一九六四年

現代詩的精神特質

現代詩的精神，很明顯的，是由於現代人的內在活動世界，普遍地受現代生存「處境」（situation）的影響所引起。同時，這影響是迫切的、強烈的與不可逃避的。由於日漸都市化的動態世界與文明帶來的迷亂感，迫使每一個現代詩人在找到詩神與美神之先，都必須站入現代型的「自我」的位置，然後向一切事物的內層進發，把握那隱藏的奧秘的美，以及追捕住那在茫茫時空裏逃奔的性靈。於是現代詩以及其他的一切現代文學與藝術，都偏在是由「美」與「偏於悲劇性的現代精神」兩種力量所構成，都幾乎是在「美」的導性作用下，去表現這代人精神存在與活動的實境，也就是表現一個有著新的存在處境、新的價値觀與新的美學體系的現代世界。這觀點，可由艾略特的「荒原」、卡繆的「異鄉人」、魏斯特的「魔鬼的代言人」以及我國少數傑出的現代詩人的作品中獲得印證——他們的作品均因立足在「美」與「偏於悲劇性的現代精神」的雙重性上，故能顯示出一種非凡與深入的力量來。下面就是我要揭發的現代人悲劇精神活動的實境，看它究竟給予現代詩與其他的一切現代藝術有何樣的牽制力與決定性：

1.「自我的尋找」：從現代都市型的動亂以及一切複雜性中，找回完整與純然的自我，它已成爲這代人尤其是現代詩人與藝術家們內在精神活動的一個最緊急的訊號，它急如一個快要沒入漩渦中的不斷求救與揮動的手勢。所以在以往的論文裏，我曾一再強調「自我」是人的「建築物」的窗口，更是現代詩人與藝術家拍攝創作世界的AO鏡頭；拋棄了獨特的「自我」來注視一切，我們將被客體佔領與支配，而失去創造客觀的美好時機與優勢，那是可惜的。因爲一個人尤其是一個詩人除了獨特的「自我」表現，此外確實沒有更特異的地方，能通過藝術華麗的宮殿而獻給人類與永恆了。尤其是在現代，對於自我的尋覓與確定，更是急切與焦慮的。現代詩人與藝術家，我想他們將很快了解我爲何在強調「自我」於現代藝術精神活動中的重要性時，說了這樣一句令人感到戰慄的話：「在現代，人生存的唯一急務，便是在靈魂奧秘與沉寂的深海，將孤獨的自我打撈」，而誰又能在此刻逃出這句話的範圍？當我們從時空、戰爭、死亡與物質文明的空漠感語經過，進入了藝術世界的那一刹間，卡夫卡的眼睛便死死地盯住我們，迫使我們一方面擁抱「美」，另一方面又因要尋回那失去的「自我」，而也自然地陷入那偏於悲劇性的現代精神的困境了。

2.「慾我與靈我的換位」：由於偉大、不朽、永恆等這些耀目的字眼，在現代的物慾世界裏逐漸失去它的光彩，大多數現代人已逐漸成爲物質文明渦流中的飄葉，被迫趨下。於是在使藝術迫近眞實感這一重要的觀點上，這一代的作家便自然地將向上仰視，轉移到向下俯視的位置，就如我在以往論文所指控的：在現代，「慾我」已逐漸代替了「靈我」的位置，在物質文明的暴風雨裏，人類已逐漸自靈境撤退。

3.「自我精神的面臨困境」：人圖從一切壓制下找回絕對的自我，結果反而同上帝疏遠了，失去了生命活動的固定點，像斷線的風箏一樣飄忽，隨時都有失落於茫茫時空裏的可能，於是大多數西方人生存在動亂不定的現代都市裏，便幾乎都是孤寂的、苦悶的、虛空的與靠不住的。靈糧被這代人視爲是一種空幻的東西，但拚命追索物慾，也逃不出幻滅之境；是故，這代人在永恆與破滅的兩個極端之間，雖拚命的呼喊自我，追尋自我，但到了最後，精神總是面臨難局。

4.「價值論的發生懷疑」：由於上帝是一切價值的最高價值之象徵的這一觀念，遭尼采、沙特的精神與科學的力量所日漸否定，現代人存在的價值觀便起了可怕的變化與動搖。由於「齊物觀精神」的產生，迫使我們極難劃定「形而上」與「形而下」兩者精神活動的絕對價值，因爲每個人都被困在自己特殊的內在世界裏，順著自己的處境，設計一己生存的途徑，各自存在，各自有其結束自己一生的歡樂與痛苦的辦法，各自在不同的方向發現其存在的志趣與價值。但是在死亡來造訪我們時，任何價值都可能成爲茫然之物，因爲誰都難在棺材蓋裏邊或在彈片進入心房之後，再感知世界的冷暖。

5.「時間與空間觀念的混亂」：在現代，短暫與永恆，過去現在與未來，往往被擠在一起。我們只知道自己的眼睛張開著時，便是仍活著，至於鐘錶與經緯度是如何管理著時間與空間的活動與存在，那是無聊與乏味的問題；當人的雙目永遠閤上了，所謂永恆便也許只是死亡的美麗的投影，或是一種永久的迷人的睡態。現代人在死亡的壓力與生存的悲劇性的夾擊下，被冷酷的現實一腳踢入最靠近他們眼前的急不容待的秒鐘裏，迫使他們對古昔與未來的遙遠世界無法關心，於是時間被壓縮與凝結在一個極小也是至大的空間裏，造成現代人對時空的觀念特別感到漠然。

6.「悲劇精神的變化」：古希臘「由無到有」的悲劇精神，已逐漸被現代「由有到無」的悲劇精神所代替；現代人圖從物質文明中不斷追求來的「有」，抵抗住因冷酷的時空與死亡所帶來的「無」，但精神終於仍是陷入空乏之中。因爲物質文明的魔力，相對地造成人類心靈上更大的混亂，引起精神上更大的寂寞、迷失與虛幻。

7.「理想主義的被冷落」：因爲理想與心靈之間的距離，實際上仍有著一段相當遠的路，它對於現代人迫切與焦急的生存意向，往往不濟於事。是故，現代人因不斷被心靈與現實有如釘錘與鐵釘的碰擊所吸引，當然對「理想」的七弦琴的多彩多姿的琴聲，便缺少閒情去聽了。因此，美麗的理想，往往像是懸掛在遠天裏的彩虹，而現代畢竟不是做夢的年代，它也不一定聽從我們的理想而活動的，它常常脅迫我們隨時順著自己特殊的處境一直出發或改道而行，並且強迫我們絕對地與「現實」保持著最短與最靠近的距離。

8.「對傳統進行批判」：人類不可能活在永遠不變的傳統意識裏，由於現代人生活的急遽變化，精神活動的適應性必也隨之產生變化。傳統的優良部份，當然是應該像火炬般被傳遞下去，但不適宜的地方，自然也要被潮流沖走；正如詩人拉馬丁所說的：「我獻給詩神的，不是傳統的七弦琴，而是心靈的纖維。」，可見人類的心靈是永遠對那些具有生命感的新奇的一切表以關切與發生興趣，而對死的標本世界感到厭倦。

9.「田園與都市的衝突」：人類生活在田園寧靜的氣氛裏，視覺聽覺與感覺所接觸到的一切，均是那麼的平靜、和諧、安定與完整；寧靜的自然界好像潛伏著一種永恆與久遠的力量，支持住我們的靈魂；而在都市化逐漸擴展的現代，我們活在緊張的生活氣氛中，視覺、聽覺與感覺所接觸到的一切，都是那麼的不安、失調、動盪與破碎；於動亂的都市裏，好像潛伏著一種幻變與短暫的力量，隨時都可能將我們的精神推入迷亂的困境。由於人類生存的環境由平靜的田園，逐漸轉移到動亂的都市，也就是說現代人觀察世界與事物的窗口更變了，則其所觀察到的一切，也不能不跟著變了。

10.「向抽象與超實的世界開發精神出路」：現代詩人爲要掙脫悲劇性的宿命論對生存的封鎖，以便從有限的、窒息的、封閉的與陰暗的現實層面打開出口，使內在精神得到無限的活動與超越，便也自然地對超現實與抽象的世界沉迷與神往了，因爲這一朝內性的藝術精神的活動，極可能使我們發見與把握到更美好與更充實的創作泉源。

從上述的這許多屬於現代人的精神活動所偏向的趨勢與實況看來，我們不難看出現代詩乃至一切現代藝術的精神特質，到最後總是離上面所談的不遠：「詩與藝術雖是詩人心靈與事物在默默對視中，所產生的那種神秘的美的力量，但這種力量在現代，它的性能確已特別偏於用來表現這代人精神活動的實況，更用來對付卡夫卡等重大作家筆下的悲劇性人物，……

……」

由於現代人精神存在的實境，以絕對的威勢、牽制乃至全然作用了現代藝術發展的趨向，因此，在現代詩創作的審美觀上，便也自然地產生了新的變化：

1.「注重表現」：現代詩人對於以往傳統自由詩那缺少藝術成份的平面與直敘式的情感表現，不再重視與熱心，因為這種表現，效果較差；故強調表現隱藏在事物深處的不可言喻的奧秘世界——採用象徵、繁複交錯的意象以及抽象與超現實等富於暗示性與反射作用力的表現手法，以製造出更豐富的藝術氣氛，便也成為現代詩人最熱心去走的創作方向。

2.「重視知性」：強調運用深入的觀察力、思考力與透視力，使作品經過嚴密的壓縮與濃縮的作用，而獲到良好的深度密度與耐度。極力反對意義的直陳以及吟風弄月的陳舊抒情路向，因為這種已形乏味與平白的藝術表現，對於現代詩人內在的實感世界，不但沒有碰擊力，而且顯得軟弱與低落。

3.「注重靜觀與內省」——此項屬於詩人里爾克型的創作修養，對於去把握、安頓與處理這個混亂與複雜性的現代生活面，是格外必要的。因為只有讓創作精神有效地進入這個富於奧秘感與收斂性的沉思世界，方能確實與有效地控制住那個在「現代」含義下所產生的複雜與交錯的創作面，而找到那眞實深遠與輝煌的詩境。

4.「對邏輯世界表示冷淡」：由於邏輯世界的刻板、缺少生氣與對藝術的阻力也很大，故要求現代詩必須盡可能躲過邏輯的監視而進入那不可分析的屬於心感全面活動的境界，並從常識與意義的有限世界中提昇，超越了一切學問與道德的攔阻，而形成為一種精神的純粹的「美」的水晶體，是急要的。現代詩只同「美」與人的「心靈深度」發生直接的關係，也只用來表現人類內在精神活動與存在的特殊姿式，以及顯示人類心靈在向內超越時，所產生的一種令人折服與驚讚的「美」，而非是用來說明道理的。

5.「強調詩中的沉醉性」：沉醉性被認定是藝術所完成的良好效果之一，無論這沉醉性是由於上帝、時空、死亡、絕望、虛無或是由於純粹的美，或是由於任何令人感到痛苦與歡樂的種種事物所引起，都將使詩中產生一種吸引讀者心靈與情思的奇妙魔力與黏性作用。這種沉醉性往往由詩人的精神感應圈裏放出，而把傾向於美的心靈吸住，有如磁力圈放出的磁性，將磁鐵吸住一樣。

6.「注重戲劇性的表現」：戲劇性因可幫助作品獲得趣味性、生動感。故驅使詩從固定的意義與呆板的理性世界開溜，進入意味無窮的戲劇範圍，也是現代詩人在創作時特別喜愛的一種技巧表現。

7.「開放潛意識世界」：潛意識世界像是精神上一個不設防的地區，而且透明得如玻璃櫥窗，展列著一切事物原始性的美，眞而純。企圖去表現這個總是預想不到的有如「處女地」般令人驚讚的境地，也是現代詩人非常神往的——它是現代藝術世界所開放的一個凸出的新園區。

8.「控制文字活動的新性能」：由於傳統自由詩對文字的運用已產生某些惰性與幾乎軟化的現象，已不足去表現現代詩的境界以及感應現代人的內在世界，故現代詩人對文字的活動性能，作新的調度與控制是必要的，並對現代語言的創造更具興趣——主張深入現代人性靈的活動之中與現代都市的心臟，去尋覓與發現那瑰麗與精確的新字彙，同時使這些字彙形成子彈般連續地擊中一切活動的焦點與現代人心靈的內圈世界，並產生出現代人生活的律動感與節奏感。於是文字在現代詩的詩境裏，像是一種活動且具生長力的動物與植物，而非沉睡在「辭海」裏的僵化的學識。

此外，現代詩在創作上的另一個特色，是不受任何題材限制；它的精神雖必須受現代物質文明影響下的生存處境所作用，但它也容納了其他的一切題材——包括對神、上帝、自然以及過去，現在與未來所發生的一切情思與想像……均可置入新的審美觀與新的觀物態度下，去進行剖視，去經過高度技巧的運用，給它以新的安排組合與再現，而塑造新的藝術風貌與形成現代詩傑出的作品。

綜觀以上的論點，可見現代詩是普遍地受現代人生存的新處境所影響，而在新的觀物態度與新的審美觀下，所創造出來的一種穎新的藝術產品。中國現代詩人當然也是或多或少地接受與融化了這世界性的文藝思潮的給與和影響的，並且幾乎是青出於藍勝於藍地建立了一己獨特與龐大的現代詩的創作世界。最近奧立岡大學中文系主任榮之穎博士訪台，翻譯了中國十多位現代詩人的作品，準備在美出版譯本，臨走前，曾在電話中至表欣慰地向女詩人蓉子說：「翻了中國現代詩人的詩作，覺得它們足可與歐美第一流著名詩人的作品相比！」這便是很好的說明，的確中國現代詩已有了不凡的成就。

下面我想就本人的觀感，大致說明目前中國現代詩人創作精神的形態與動向：

一、帶著一種不可阻擋的自我衝力，與時空死亡以及生存的處境搏鬪，追找「人」以及一切事物的純摯與眞實的美，形成一可觀的悲劇精神面，這羣詩人的創作，不但具有「美」的壓力，同時更具有「現代人精神與性靈」方面的壓力，是自我的，也是全人類的，他們藝術精神的表現，力求超越一切，甚至上帝；在沉醉於「美」與「沉痛」的過程中，他們的精神隨時產生出所謂永恆的戰慄的感覺，那也是觸及了另一個更神秘的「上帝」。

二、雖活在機械文明動亂的現代，但仍留戀傳統中的某些事物，也就是說這類詩人是以現代詩的技巧手法，表現那始終與傳統情思發生相關連的正常世界，在作品中，大多是表現屬於東方的幽雅、飄逸、纖巧、典麗的詩趣，同其前者受西方精神影響後的那些富於悲劇性、淵博性、繁複性與奧秘性以及具有壓力感的詩思相對照之下，它確像是一個幽美的蓮池對照著一座巍然的現代建築。

三、偏於智性與哲思的表現，但缺少現代人眞實生活的感受，這類詩人的作品，大多流露著靜觀內省的精神，有追求純靈與純智的傾向，表現存在於事物中的諸神，但對於現代人的精神很少介入或作批判，同現代人精神所保持的關係距離也不夠接近。

四、禁一已於自我獨特的存在世界裏，對自我存在發生專一的沉思與默想，同現代文明與外界動亂的現實面幾乎絕緣，這類詩人的作品多偏重於孤高與深入的自我表現。在詩與藝術活動的終點是以「人」爲目標的這一觀點下，他所從事對於內在所做的剖視，雖與現代的精神意識無關，失去時空使命感，但因它的活動離不了「人」，故仍然會引起人類心靈的同情與共鳴。

五、同傳統的情思與現代精神雖都有往來，但不夠深入，也不夠強烈，這類詩人在創作時雖也運用現代的思考與審美觀，但由於他們的才性、氣質、與現代藝術的體認均缺乏，故只能表現一般與尋常的事物，只能進出那次要的不夠輝煌的詩境，因而也極難產生傑出的作品。

六、將創作精神建立在實用性的意識上，使詩與藝術成爲一種直接作用於現實的力量，達到實用的效果。這類詩，常常是作品的「實用性」遮蓋了「藝術性」。

七、將詩當作直抒式的情感流露，缺少藝術表現。這羣詩人，常常與不懂詩的刊物主編很合作，與第三流的詩刊打交道，其實他們的創作，是不夠格在此來提的，既無詩的表現技巧可言，更談不上什麼詩的本質與精神內涵了。

從上述的中國現代詩人創作的精神形態看來，我們可指出他們大多數人的表現，既是特殊的自我性的，同時也有含普遍的世界性的（因爲它脫離不開人的範圍）。由於他們都幾乎是把現代詩與現代藝術從不同的角度上，集中去表現人類精神與萬物活動時所產生的「美」，所以我認爲中國現代詩人所從事的創作與努力，在廣義上，它已成爲全人類內在的「靈智與美感活動」的優越力量，他們並不盲目的強調或反對傳統，也不盲目的反對或強調地域性，他們強調的是「傑出」、「優秀」與「無限」。在廣大的宇宙以及往昔在與未來的無窮盡的全然開放的時空裏，確保藏著全人類所共賞的無數完美的東西，正等著詩人的心靈去自由的感受、抉擇與表現，只要它能達到藝術上的完美，那必然會獲得國際性的讚揚的。現代詩也便脫離不了這終極的企求。

最後說到中國現代詩今後發展的趨向，據我個人的看法它可能如此：

1.「在精神傾向上」：由於中國以往是一個安貧樂道的農業國家，思想背景深受大自然寧靜與安定的力量所影響，故田園型的精神形態老早形成，它雖在廿世紀後半葉，被西方都市型的動態世界帶來的騷動逐漸破壞，面臨了一個因物質文明所引起的虛空世界；但它畢竟仍有著夠大的抗拒性。當西方精神被海明威、卡繆、法蘭茲卡夫卡等人沉痛的聲音，喊入了困境，東方古老的中國，此刻確也被那聲音驚動了，確也被工業的混亂社會，進入動變的存在面，這種被侵襲與被破壞的精神的痛楚，迫使中國現代詩人對於空漠與苦悶年代的體認，同時在未來的日子裏，在心靈的深處，也將更自然地懷念著一種屬於東方精神的安定感——也就是永遠忘不了去找回那屬於大自然的永恆與穩定的潛力——也就是去找回我們在現代物質文明的虛空世界裏、被放逐得漸困累的精神、所焦望的那張安靜的「靠椅」——它就是寧靜的東方，但不是以往的原封不動的古老的東方，而是像現代名畫家莊喆在畫境中所創造的「現代的東方」——它是通過那被現代苦悶抑制下所引起的衝突、憤怒、反抗、與爆裂式的精神世界之後（這世界顯然是受西方精神影響的）而轉進入那新的穩定、潛凝、完整與富足的精神境界，它不僅是東方人往前生存的希望，同時更可協助耶穌去支持住那個在物質文明幻滅感中連續崩潰下來的西方精神。我料想中國現代詩人的精神傾向，在未來極可能朝著這個方向走去，在「都市」與「自然」兩種巨大矛盾與衝突的張力之間，再度皈依自然，再度爲永恆不滅的大自然去構思與展開無窮遠的想像。這種精神傾向的可能性，如果不誕生，則另一種可能，便是驅使作家成爲西方物質文明的宣揚者，成爲「機械」奇蹟世界的僕役。

2.「在藝術表現上」：自從現代詩要求詩人不斷回到自我的位置，不斷向內去進行一連串近乎是悲劇性的形而上的精神活動，於是一個遼闊深遠與沒有邊際的抽象與超現實的世界，便何等奇妙與神秘地吸引住了現代詩人創作的心靈，使他們消耗了一段很長的時間，在那裏邊探索，仍感到興趣不減，可見這個世界有著豐富的泉源。然而世上絕不會有一種「嘗試」能一直保持它原來不變的感覺的，它必有一個極限與它達到的頂點，到時候不會不變。的確，中國現代詩人在抽象與超現實的隱形世界裏，已旅行了一段不算短的日子了，當然在目前仍不致於換向與停下來的，可能仍要繼續向前走一些日子。不過我們可確信與預料得到，人類尤其是藝術家的精神，極難長期活動在一個沒有碑界與扶欄的抽象世界裏；當「內在」進行著一連串的沒有邊際的逃奔、追索與流浪之後，心靈難免要在不可抑制的困累感中，自然地想望著一個有拉環、把柄與有依靠的具象世界，以便將流動不定的自我帶住與穩固住——正像一隻在天空裏久飛的鳥，渴望著樹，一隻在海洋上久航的船，遙念著岸，因此我們可斷定中國現代詩在未來的發展中，極可能朝著一個具有良好純度密度與深度以及含有更大潛能的新具象世界走去，（這個具體世界便是透過內在的質感而呈現出一切更爲眞實的形象），展開它新的創作天地，繼續發展與演化。

註：這文發表於一九六八年（民國五十七年），在一九八〇年，十二年後詩創作世界確出現有偏於「具型」與「間架空間」表現的詩——就「現實」的內在化；繪畫也有新寫實的表現。

談都市與都市詩的精神意涵

前 言

由於人類投入巨大的精力、智慧、人力、物力與時間所創造的科技與物質文明，都大多集中在「都市」裏；求生存與發展的各行各業的多數人，都大多擠在「都市」裏；大多數詩人作家與藝術家，也幾乎住在「都市」，享受「都市文明」的生活；「都市」的生活圈，又逐漸隨著密集的交通網，把田園與農村都網進來……這樣，「都市」已事實上成為全人類生存具優先性與吸引力的世界性生活領域。

由於作家要跳離自己眞實存在的處境來創作，往往像站在太陽光下，想跳離自己的影子一樣困難。因此，住在「都市」裏的詩人，寫同「都市」生活感受有關的詩，是自然甚至是必然的創作行爲，因而提供給詩人寫「都市詩」的「都市」，便也顯然是給詩人表現現代人生命思想與精神活動形態較具前衛性、劇變性與新創性的創作舞台，同時認明「都市詩」是新興的、具有現代生活風貌與精神形態的現代詩型；我們甚至可以說，臺灣「現代詩」創作眞正的現代精神內涵意識，除了紀弦先生在提倡「現代派」所宣告的現代詩創作信條有所指陳，我認爲更重要的，應是現代詩人，不斷從現代「都市文明」中體驗到現代生存的現代感、新穎性與前衛意識，所寫的或多或少或深或淺同「都市」有關的「都市詩」——具體化與實際化了「現代詩」特殊的創作精神與思想形態。同時尙可說凡是寫與「都市」生活經驗有關的現代詩，都可說是廣義的「都市詩」；就是後現代詩人，只要他離不開「都市」，繼續擁抱所謂後現代物質文明資訊快速發展的「都市」，他的詩就會繼續受「都市」影響，尤其是在商業交通網與資訊逐漸把鄉村統合入「都市」的型構範圍，形成全方位的「都市效應生活圈」，詩人與作家便勢必更不能不看高科技與物質文明輸送給「都市」這一被衆目圍觀的大櫥窗，去面對那不斷激化想像與思考世界蛻變的新媒體、新事物與新環境，而仍一直會寫與「都市」脫不了關係的「都市詩」。這樣，便無論寫「都市詩」或寫後現代、後後現代的「都市詩」，都同表現「都市」這一主題思想源遠流長的「都市詩」詩型，有斷不了的血源關係。世界上沒有一條沒有源頭的河流。

由此可見「都市」同強調現代感與創新性的「現代詩」，有密不可分的互動性，也可看出「都市詩」在「現代詩」中創作的重要地位。事實上「都市詩」，也顯然是所有詩型中，最能貼切地表現與傳眞現代人在「都市」中生存的生命眞況與實境。

一、都市與都市詩的探索

既有「都市詩」這一詩型，則在創作精神意涵上，必有其特殊性。在談論「都市詩」之前，首先應了解那做爲詩人創作「都市詩」的場所——「都市」之眞貌。

㈠都市的界定與觀感

「都市」顯然是借助科技力量，不斷發展物質文明，呈現不同於「田園型」生活空間的另一個屬於「都市型」的特殊生活空間；也是工商業的集居之地；甚至幾乎是經濟、政治、文化活動的中心。

1.從速度的相對觀點來看都市：

在「田園生活」中，人的腳步與牛車的速度較慢，生存的時間量度變小，空間變大；在「都市文明」的生活中，因有汽車、火車、飛機等機械化的交通工具，速度較快，則生存的時間量度增大，空間縮小。譬如用腳從臺北走到高雄，要走好幾天；若坐飛機，一天可飛廿次。是故，高速度發展的都市，使人類有更多的時間，去追求與創造更繁富與進步的生活環境；也因而使「都市」自然具有更大的拓展性，以及較「田園生活」更多的優越性與便利性，而不能不被重視。

2.從人力、財力與智慧投入的情形來看都市：

由於人力、財力與智慧資源的大量投入，促使「都市」不斷的進步與發展，形成「田園」與「都市」勢力圈的移位，是可見的。大量青年人從「田園」往「都市」跑，已說明「都市」已成爲現代人生存的「重力磁場」，甚至是衆人爭權奪利之地，具有對人存在難於抗拒的無比吸力，即使有人說「都市」是繁殖罪惡的溫床，也常有很多人在那床上做夢。

3.從田園與都市實際的生活景觀來看都市：

「都市」帶來高度的物質文明，使現代人在壯觀的玻璃大廈、百貨公司、超級市場、餐廳飯館以及娛樂場所……等繁華與高品質的衣食住行生活中，充份達到慾望的滿足，而當然較貧窮落後的「田園」具有進步發展的強勢與動力，並抓住現代人追求物慾享受的心。

4.從田園與都市生活的負面來看都市：

「都市」帶給現代人豐富的物質生活，是其正面，但也帶給人們精神生活的緊張、不安、焦慮、空虛、寂寞與有壓力感，甚至使人成爲被物質文明放逐中的文明動物，是其負面，至於「田園」雖較寧靜、安定、純撲、開闊，但缺乏高速度與多元性的發展能力，使物質生活的享受與品質，都一直偏低，仍有賴「都市」的繁榮面來補救，是其負面。而兩者間的負面現象，由於交通與資訊的迅速發達，已互相的調整，可望進入相輔相成的佳況。然而「都市」仍事實上一直在前衛位置掌握著不斷改進人類物質生活的主導權。因爲「都市」是展現物質文明繁榮的中心。

㈠都市詩的創作世界

1.都市詩的緣起：

當我們讀過上文對「都市」生存空間所做的論述之後，已大致了解「都市」存在的重要性與其特殊的形態，而大多數詩人，又集居在「都市」中，怎能不以「都市生活」新的題材來寫「都市詩」，來表現與傳眞這代人從「田園」轉型到「都市生活空間」裏來的新的美感經驗與新的心象活動、新的生存意境。可見「都市詩」型的產生，是極其自然的。若進一步來說明，便是基於：

(1)「都市化」的生活環境，不斷激化現代人的感官與心態活動，產生變化，呈現新的美感經驗，便也調度與更新詩人對事物環境等觀察與審美的角度、及其運用語言媒體與藝術表現技巧的適應性。因而自然引發「都市詩」的創作動機。

(2)現代「都市文明」高速發展，帶來尖銳與急劇的變化，導致一切進入衝刺、緊張與具壓迫感的行動化存在空間，使詩人不斷逼近思考的新銳性、前衛性、創新性與突破性是可見的。因而寫具有「都市現場感」與創新性的「都市詩」，也是必然的。

(3)現代「都市文明」已構成住在「都市」中詩人心象活動重要的機能與動力、以及不斷展開多變性、多元性與新穎性的想像空間，這便使詩人很自然的遵循自己內心眞實的感受、去寫同「都市生活」潛在經驗勢必有關的「都市詩」，而把握詩創作新的「時空性」。

2.都市詩活動的時間與空間觀感：

(1)由於以往「田園型的大自然生活空間」，是無限的廣闊、一望無窮，較能使人進入寧靜、和諧與含有形而上性的「天人合一」的自然觀的心境；故也有利於「悠然見南山」、「山色有無中」的偏向空靈的詩境之建立。而在「都市」，高度的機械文明帶來緊張、動亂、吵鬧與具壓迫感的生存空間，人類精神向上昇越的「形而上」活動空間，便不斷的被「都市」極度物化與偏於「形而下」的「下降氣流」壓低到越來越被「物質性」與「外動力」全部佔領的空間裏來，因而不斷縮短「物」、「我」接觸的空間，既拉不出精神「靜觀」、「內省」與「空靈」的理想距離，最後是「物我兩在」的時機尙有，「物我兩忘」的情境是較少了，所以很多詩人都不大太正面的同「都市」對碰。的確，「都市詩」活動的空間是較偏於「實在性」、「實知性」與「設造性」的間架式空間形態，而有異於純粹抒情或者空能納萬境的「空靈」的空間模式。所以在「都市」裏「抬頭望明月」，「低頭」可能看見的是車禍；打開冰箱，只能看見冰箱裏的冰山冰水，可看不見山隨水盡的景象。可見詩人生存的外在物理空間，同內在心理空間，是一直有機的相互動與分不開的。

(2)由於「都市」是生命與事物快速度地活動與進行的場所，「時間」顯得非常匆忙與焦急，往往這一秒鐘還未停定，下一秒已闖進來，這種急速的存在感，使「都市」的形形色色與景物，都不停地追著速度跑，「時間」便也緊逼的跟著喘息與變調，而自然影響到詩生命的脈動、呼吸系統以及語言活動產生新的動力、動速、動向與節奏。的確，由於在「都市」生存環境裏，時間感的急速加快，便同時迫使語言運作的「速度感」與「行動性」的加強，因而也刷新語言與詩思的活動航道，呈現不同於以往新詩的詩感，很明顯地感觸「都市詩」潛藏著一種至爲特殊與具體的現代感與新穎性。尤其是「動」詞在時間與速度的緊迫感下，所放射的新的動力，給予詩境呈現新的動態與動境，是可見的。

3.都市詩語言與藝術技巧的運作力：

從「都市詩」的緣起及其活動的時空觀感來看，「都市」特殊的生活環境，已事實上影響詩人創作的心境，偏向於「都市特殊生活經驗與心象活動」之捕捉，是必然的。同時也使「都市詩」語言與藝術技巧的運作力，必須機動且具適應性，有效地去表現「都市詩」的精神內涵。是故：

(1)「都市詩」不能不偏向「多元性」的表現，開放各種藝術流派與主義以及各種新的材質，來爲「都市詩」工作。因爲「都市」的存在是富變化、多元性的，價値觀與存在意識，也是多元性的，生活面是至爲繁複的。

(2)「都市詩」不能不強調與偏向「現場感」的表現，而對現代人生活在「都市」中，生命與精神思想活動的實感、實態、實況與實境，予以確實有效的傳眞與表達。否則，對讀者會產生疏離感，失去強有力與迫近性的感應。因爲生活在「都市」中的人，大多數可以不活在深遠的形而上的玄想世界中，但他們不能不活在「都市」所正面推過來的具存在壓迫感的眞實狀況中。

(3)「都市詩」的語言，不能不偏向「生活化」與「行動性」，因爲「都市」不斷展現高科技的物質文明，帶來至爲尖銳與急劇的「變化」與「存在」，導致一切進入快速的「行動化」情況，這便一方面使詩語言活動的速度、呼吸系統與脈動，進行新的調整，產生新的節奏感，同時也使詩語言的活動與造型空間，也必須有新的變化與呈現新的形態。

(4)從上述三點來看，「都市詩」顯然較其他類型的詩更有利去強調創作的「前衛性」與「新創性」。因爲做爲「都市詩」創作場所的「都市」，一直是處在科技與物質文明進步力量衝擊的第一線，是其最先的受益者。而「都市詩人」面對千變萬化、不斷接受新思潮、新資訊的「都市」生活環境，便勢必無形中以具突破性的「前衛」與「創新」的藝術表現技巧與語言，來做適應性與互動性的表現。這種要求，不但是「都市詩」創作的內在景觀如此，就是『都市』本身發展的外在景觀也如此，譬如沿臺北市延平北路↓西門町↓中山北路↓仁愛路↓忠孝東路的市街一路看過去，所觀看的繁榮與美的景象，則越是往前的，便越是接近人類創造境域的「前衛性」與「創新性」。這現象反過來，便也意識著「都市」文明，的確是一直潛藏著對「都市詩」乃至所有的現代詩向前推展的激化作用與動力。這也就是說，「都市詩」根本上是受「都市」監控。無論是「都市詩人」或住在「都市」裏寫現代詩的詩人，要完全脫離「都市」的影響，是不可能的。這種不可能，正像走路的腳，想脫離路是困難的。

從以上所談的觀念與理念中，茲以一些「都市詩」的詩例予以助證：

譬如在「都市」生活中，看到迷你短裙，採取「都市詩」來表現短裙對現代人產生尖銳的感官反應與特殊的視覺美感經驗。如果我們寫：「迷你裙／短得像鳥的翅膀（或尾巴）」，雖然寫得很巧，也確實有好的表現，但鳥的翅膀（或尾巴），這景象畢竟是由「田園生活空間」借調的，較缺乏「都市現場」的視感，語言活動的動感、動速與形態仍不像「都市」那樣急切與尖銳化，缺乏碰擊力。

如果我們寫「迷你裙／短得像踢達舞的音響」，以聽覺來表現迷你裙視覺的短捷、輕巧、活潑的感覺，而「踢達舞」的景象又是「都市」生活現場可見的，應是相當有效的藝術表現。但是語言對「都市」要害的襲擊力、切割力與爆發力，仍不夠強烈與深入。

如果我們寫「迷你裙／短得像一朵火花／一閃／整條街便燒了起來」，便是抓住「都市人」特殊的官能、性慾、心態與潛意識活動的實況，語言的襲擊點與爆發力便「臨場性」地使佛洛伊德注視的「性美學天空」全部著火燃燒。這樣的寫法，較貼近「都市」專業製造「物慾」與「性慾」的心意：也使「都市詩」確實獲得較特殊與深化的創作精神空間。

我之所以較重視最後一種寫法，是因爲我深信大家會同意詩人林野在《陽光小集》詩季刊（一九八一年夏季號）所說的：

> 源於都市景觀和人類生存層面的題材，一直爲詩人們努力地探討和詮釋。但探討此類的作品，多半由於語言的傳熱性和導電度不佳，或侷限於物象的表淺切割，以致不能激發強烈感情的痛覺反射，所造成的心靈震撼，也就不足爲奇……

接下來，又例如古詩人寫「黃河之水天上來」，現代都市詩人寫「咖啡把你沖入最寂寞的下午」。很明顯的，古詩人寫的是「第一自然」田園生活所見的景物；現代都市詩人寫的是「人爲第二自然」——「都市」新的生活環境、新的景物、新的思維空間、新的美感經驗；以具現代感與新創性的語言形態予以表現，確實傳眞現代人生活在「都市」中特殊的心象活動與生命情境。

從這些抽樣的「都市詩」例舉中，可看出「都市詩」著重於「都市」生活的美感經驗與心象活動的表現；語言媒體與運作空間，也儘量逼近「都市」現場性，以使作品產生同現代人思想有高敏度與強有力的「感應磁場」。

4.都市詩的貢獻與理想的創作導向：

從以上三項的論談，可見「都市詩」提供創作新的美感經驗、新的思考與想像空間，確是表現「都市人」生活實況，具有透視與探索力的特殊詩型，並有助詩創作向前突破與推展，產生新的藝術表現形態。同時，目前科技資訊更向前邁進，到了「後現代」情況，在創作已面對新的趨勢，便也因而給「都市詩」帶來新的前景與展望：

(1)由於後現代出現的「解構」意念，「都市」與「大自然的田園」之間的界線，已拆開，借助交通網力，架設思想活動新的交流道，拓廣「都市詩」創作的題材與詩思的範圍。

(2)由於後現代的解構意念，在「新達達」觀念徹底的自由與任放驅使下，素材媒體與表現技巧以及語言的運用是朝更多元、多向、更開放與沒有任何制約的情況下，去創作的，給詩人更大的自由空間與主動性。

(3)對傳統與固守的一切陳舊形態與秩序，不斷進行強有力的抗衡、質疑與突破，以確實反應現代「都市」物質文明與科技不斷發展帶來的新的生活環境與新的生存指標。

此外更值得重視的一點，應是在前言已說的：紀弦先生早期提倡的「現代派」，其更充份與具體的精神內涵，我認爲是隨後來「都市」物質文明生活確實的「都市化」與「現代化」，輸進現代新的觀物態度、新的思維、想像與心象的活動空間，以及創作上應變的藝術表現手法，使特別具有現代思想性與現代感的「都市詩」的興起，而加強且凸現「現代詩」確實的現代精神意識內涵及其實質的形體與風貌。這也可說是「都市詩」在「現代詩」創作思想與精神上所提供的實質影響力與較重要的貢獻。

至於「都市詩」創作的理想導向：

①首先我認爲「都市詩」創作者應以「心輪」帶動「齒輪」，也就是說，「都市」與科技文明前進的力量，必須讓人的心進入機器的心，並使之轉化進入目前人類正再度追求的「新人文精神」的佳境。一切的事物都應由人類美的心靈來主導，離開「人」的一切，若不是尚未誕生，便是已經死亡。科學製造僵冷的「都市帝國大廈」，必須將詩人的心燈放進去，使它亮出溫暖的光。難怪有一位傳奇的雕塑家，曾將自己以高精密度設計的一座非常完整的雕塑品的頂端，用手擊斷並讓血流入作品裏去，滲入人性，才充份的感到滿足與驚喜，覺得作品有「活性」與「溫暖感」。這也就是說，「都市詩」中物架的思維空間必須推入心感的慧悟與靈動空間，去獲得轉化超越與昇華。

②「都市詩」創作者追逐科技文明軌跡以及透過智識及理論性的觀念所展開的想像雖不

容忽視，但注入眞實人性的切割力，抓住生命與血的聲音，便更值得重視，因爲詩不是製造機器與智識以及喝「汽油」的；詩是創造生命與流心血的，應更加予以關注。這是所有從事心靈與精神永恆作業的作家，均必須堅持的。否則在創作世界中，「物抒」與「心感」沒有確實的交溶便難免呈現冷漠性與疏離感，失去作品對內心強大與永久的感動力，甚至引起人類內在生命產生「第二度」更爲嚴重的鄉愁，那便是人被關進冷然的物性思考世界，而淡遠了溫潤的「人性」、「心性」、「靈性」與「悟性」，所引起的較「都市電燈光」望著「田園菜油燈」所引起的「第一波鄉愁」更可怕，因爲那是人被科技世界挾持，同「物」一起推上科學的「貨櫃車」而被迫離開人自己的有人性的「肉體的原鄉」，形成「第二波的鄉愁」。若這樣，人追逐的已不是人自己的生命，而是「機器造的兔子」；人在玩耍電動玩具時，科學反而把人也當作電動玩具來玩。由此可見，將科技的「理運」思維空間與人文的「靈動」思維空間，溶合成溫潤優美的心象世界，是「都市詩」乃至所有的現代詩都必須深加省思並永遠堅持的創作導向。

二、都市對詩創作世界廣泛的影響力

的確，由於高科技帶動不可阻擋的物質文明，不斷佔領人類的生存環境，「都市」便隨之成爲展示物質文明的櫥窗，甚至被看成「科學的帝國大廈」，壓倒性的炫耀在人類的眼睛中；即使被它的光芒刺傷——如大多數人都或多或少感到「都市生活」的緊張、焦慮、不安、寂寞與空虛，甚至有壓迫感……等，但仍迷惑著無數人去圍觀它，甚至熱烈的擁抱它。既如此，則生活在「都市」中較一般人更敏銳且又不能不面對「都市」生存挑戰的詩人，便無論以那一種心情來擁抱「都市」與寫「都市詩」，都理應帶有優先選擇性與難於逃避的創作意欲。

事實上「都市」非但是展示美的物質世界的秀場；也是人類生活吸力最大的磁場，除非人類沒有「交易」，科技與機器停止生產，大家不要更好的享受：而且更是促使現代詩人與作家心象世界千變萬化的黃金路段與新開發區，給予詩人與作家創作上巨大的激化作用與廣汎的影響及反應，是繼續不斷的。

譬如「都市」物質文明景觀所不斷引發的「現代感」，已近乎是創作的試金石。當詩人與作家面對它便立即產生五種接受「傳統」的不同態度，而影響到作者創作不同的動向與形態——

第一種：創作者把「故宮」的門關上，只死抱住「傳統」，不同「現代」對話與打交道，因而喪失創作權。

第二種：抱住「傳統」的大包袱，上「現代」的高速公路，顯有壓力與阻力，既跑不快，於是顧前顧後，形成缺乏突破性、前衛性與創新性的創作形態。

第三種：從「傳統」走進「現代」，「傳統」和「現代」，有顯著的連線與裙帶關係。

構成仍含有「傳統」形質甚至推陳出現的創作形態，不過在突破時，難免多少受傳統的制約力。

第四種：站在「現代」的位置，自由的同「傳統」對話，以「現代」爲主導力，提昇「傳統」優良的有利質素、機能與精華，建立能觀視「現在」、「過去」與「未來」的開放的新的視野，所呈現的創作形態。

第五種：只抓住「現代」存在與變化的過程以及眼前流行的新奇，使過去的「傳統」與「現代」之間，沒有必要的接合點，甚至斷層。至於「未來」的一切，只要它來，便跟著就變，就新。像這樣所形成的流行一時的創作形態，它之所以出現標新立異、沒有歷史感，見到「傳統」就反，也是有其特殊的長相的；但也像持第一種態度把「故宮」的門關上，不看「現代」而在兩極化相對的創作境況中只看「現在」不看「過去」，便出現可見的疑點——那就是它很可能犯上「用完便丟」的現象，沒有確實值得保留的東西。

這五種不同的創作形態，既是緣自「現代」引發作者對待傳統不同的態度，則「都市」一直主控著存在與變化的「現代」情況，便也勢必會一直在影響著創作的思想形態是否「現代」。

再說大多數住在「都市」的詩人與作家，都熱衷與經常的表現性慾、空虛、寂寞、孤獨、焦慮、緊張、無奈、荒謬以及反常、刺激性乃至科幻、奇異……等至爲熱門的題材與思想內涵。其實這都是受到「都市」影響的。因爲「都市」的物質文明，大量製造「物慾」與「性慾」，驅使「形而下」世界將「形而上」世界逐漸關閉，造成靈空狀態，大多數「都市人」

便也逐漸變成吃喝玩樂但內心空洞的文明動物，並習慣以「物慾」與「性慾」甚至有以麻醉品來塡補內心的虛空，而過後仍是循環性的空虛與寂寞；仍是在生存壓力下，感到莫明的焦慮與不安……，這似乎是「都市」繁華光亮面的背後，一直潛藏的難於根除的盲點，讓人尤其是詩人作家不能不面對它、正視它、指認它甚至帶警示性的指控它。這都的確是「都市」帶給詩人與作家躲不掉的、相當荒謬也不討好但卻至爲認眞嚴肅的精神工作。但當創作成爲好的作品時，便也同樣的存在與被肯定。雖然那是「都市」帶給人們精神與思想並不太健全、甚至帶有病態的情形，但詩人與作家透過藝術創作思想的表現，對存在進行深入的透視，提供眞實資訊，甚至警示，已盡了力。

接下來，談到目前大家都關注的所謂「消費文化」以及「文化」已有被當作「商品」來看……等情形，先不說它是好是壞，我們已感到那都是「都市」物質文明對存在具壓倒性的影響力與威勢所造成的。誠然，在「都市」的生存空間裏，幾乎是被「物質」、「速度」與「行動」所把持，心既不能往深處與形而上的高處去，便只好被阻在感官的快感層面，偏向浮面淺顯、單薄、乖巧、新潮與流行……，而自然流向目前所謂通俗化甚至粗俗化與低俗化的「消費文化」與「商品文化」的格調。其實，這也是「都市」一向強調形而下「物質文明」的特殊個性所形成的，並一直在強勢的操作與左右著現代大多數都市人生活的想法與行爲，縱使也呈現有不太理想與缺失的地方，但已存在於可見的事實中，留給作家們去從不同的思考角度與美學理念來番視處理與予以表現。

此外，像劉克襄等詩人對大自然環境關懷寫的「環保詩」，也是由於「都市」發展對大自然生存空間造成嚴重的污染與傷害，激發詩人與藝術家創作的良知而來；像廿多年前我在「一九七一藍星年刊」論文中提倡以電影鏡頭寫詩（目前已有錄影書，則未來有眞的錄影詩也屬可能）以及詩人羅青採用電影手法書寫「錄影詩」，也都是由於擁有放映電影的電影院與影片的「都市」，給詩人有機會引發與電影有關的創作見解與念頭；即是像詩人林燿德寫的「廣告詩」，雖是源自「達達」與「普普」的創作意念（或後現代的文體解構）但畢竟同「都市」滿天飛呈強勢的廣告業資訊與意識有潛在的關係；再下來像詩人白靈與杜十三等以詩爲主控力，所從事的多元媒體表現而形成的視覺詩，同「都市」物質文明所提供的物質材料及其引發現代人多元性視聽美感經驗的創作欲求，也難免有關係。

的確，「都市」帶動現代物質的文明面，給予作者創作的藝術形式與題材內容方面，所提供的能源與潛在影響，應是夠大夠廣與多方面的，而且持續不斷。

三、結　語

綜觀上述「都市」與「都市詩」以及「都市」對創作思想的強大影響之論述，我的結語與補充的感想是：

(1)「都市」是人類尤其是詩人作家不能不面對甚至不斷要去擁抱的生活世界。即使有時感到不快；但它不斷以「存在與變化」的衆多與豐富的新的事物與影象，刷新作者的感官、思維、想像與內心的美感經驗世界，因而激發創作媒體與表現技巧有所調整與移變，甚至有所突破與創新，呈現作品新穎與具前衛性的形態。

(2)只要人類繼續改變「第一自然」與創造人爲的「第二自然」——「都市」的行爲，則「都市」便會存在，「都市詩」也會存在；當目前現代「都市」有向後現代「都市」狀態在移動，「都市詩」也會跟著往前移動以及往前存在與變化的發展下去，即使後現代「都市」處在解構後的多元化、泛方向感與泛價值觀所形成拼盤式的推砌存在模式中；即使現代主義一向強調超越與卓越，並不太能認同「消費文化」的低價位思想，於目前已受阻，它過去強大的聲勢，也有降溫情形；即使以往向「形而上」高處看的仰視，在目前已逐漸拉低到對世界平視的位置，而且失去可靠的「中心」，也正好對應「都市文明」急速存在與變化中的繁亂、雜陳的生存場景與物象，不斷沖擊著人向四處失散與急逃，使成千成萬的人，匆忙過街肩碰肩，彼此都不認識；存在都只是衆多的個人一連串的愉快的直接感覺的過程的告白，在可靠與不可靠之間，隨著變化的時空在泛方向感中滑溜，因而也浮現出所謂世紀末與「後現代都市生活」層面上至爲浮動、激變、紛陳的亂象；即使由「新達達」意識臥底所掀動的「沒有什麼不可以」的多形多狀，那正有如在〈哈維爾縱論挽救現代困境之道〉①一文中說的：「後現代主義，這種思想狀態，對我來說，這其中的一個象徵——是一個騎著駱駝的遊牧人，身上蓋著傳統的袍子，袍子下卻是牛仔褲，手上握著半導體收音機，而駱駝背則有可口可樂的廣告」……。這一有趣又怪異荒謬可笑的組合圖象，的確能反映目前越來越偏向「後現代都市」「雜交」紛陳不調和的生活景象。但我們深信這種種，對後現代的詩人、作家、尤其是視覺藝術家來說，正好可透過「普普藝術」的拼湊（Collage）手法，以多元媒體組合與提昇它們進入有新的意涵與新的秩序之中。詩人也可用詩的語言，如此來創作，開拓新境，這也就是說，後現代的作家與藝術家，在後現代解構後的多元世界裏，仍有向上建構的可觀的創作空間，並眞的有可能看到「後現代」將「現代」當做一座太陽解構後的許多部份都仍然是太陽，而又逐漸形成有秩序與整體地運作在一起的太陽系。這樣也正符合人類思想世界中一直不停地向前工作的兩部大機器，正常地運作，一部是「演繹」——多元的向外展開出去；一部是「歸納」——再向內匯合。這兩部機器任何一部停工，都將影響人類生存的建全與進步。所以後現代大師詹明信對後現代缺乏深度與歷史感的生存現象提出信號與警示②，以及李歐塔仍堅持人生崇高、莊嚴與可爲的形而上精神③，都是在人生中仍希求建造精神存在的高層建築；再從我爲詩人林燿德傾向後現代風格的《一九九〇》詩集（尚書文化，一九九〇）寫的序，論述他詩中的後現代詩創作的精神風貌，仍特別指認它解構後，不但抓住多元性的內在思維航向所呈現的卓越性與深度，而且仍潛藏有由多面性的思想疊層、向上建構高層精神面的可觀的形而上性與統合力，確實爲後現代創作提出正面的效益。可見無論是詩往裏變，最後都不只是創造新的形式，而更是繼續創造新的精神深度與由「形而下」世界再度昇越進入「新」的「形而上」世界，而無論是現代「都市詩」以及後、後現代「都市詩」，乃至所有的現代詩，也都不能例外。雖然「都市」格外的物質化與「形而下」，較偏向浮面與流行性甚至庸俗化。但詩人與作家面對它，在創作中，總得相對地使出「深度」的思想與「形而上」的精神昇力。我們深信任何「成功」與「高品質」的藝術品，最後都必潛藏有思想的「深度」與精新的「形而上性」。即使是採取「遊戲」、「幽默」、「寫實」……等的心態寫成的作品，也難免有：因它是藝術品，不是普通「玩具」，已介入作者的藝術理念以及看不見的思想與精神的影射作用所引發的感應空間，就不能不也藏有逃不掉的「形而上性」。往往在一個小丑的成功演技中，笑聲背後，大量湧出思想滲入人性、一起昇華的「形而上性」與精神「深度」。我甚至確信，所有看得見、看不見的一切，只要從確實好的藝術作品中傳出來，就必定有思想的「深度」與精神存在的「形而上性」的特質。

附記：「都市」以製造物慾與性慾爲主所建構「形而下」的生存空間，對全人類的慾望生活，是一視同仁的；世界上任何詩人作家面對它，感官與內心都享受同等的待遇，可自由反應。所以本文較著重「都市」對詩人、特別是寫「都市詩」的詩人較共通性的影響，以及談「都市」與「都市詩」的特殊理念與觀感，也因篇幅，未能提出許多成功與優秀的「都市詩」的實例。

【附註】

①見香港《明報》，一九九四年十月五日版（A10）〈哈維爾縱論挽救現代困境之道〉。

②見一九八七年八月六日十六期的《當代》雜誌〈詹明信後現代主義評介〉一文。

③見一九九四年四月出版的《羅門蓉子文學世界學術研討會》論文集中林燿德寫的〈羅門思想與後現代〉一文。

（本文是在「當代臺灣都市文學」學術研討會上發表的論文內容）一九九四年十二月

III

藝術家創造了人類存在的「第三自然」
「第三自然」是藝術家終生工作與居住的家；也是人類精神世界無邊的玻璃鏡房，裝有360度的旋轉梯，通往存在與變化的無限生命空間與「前進中的永恆世界」。

羅門

「第三自然螺旋架構」的創作理念

「第三自然螺旋型架構」(註),是我從事詩創作與藝術探索近四十年來,從創作思想與實踐中所體認與建立的觀點,曾被名批評家蔡源煌教授視爲是我個人的創作理念與思想體系。對我而言,這一觀點,自二十年前開始迄今,我仍始終堅持並加以強調,那是因爲我確認它已是詩人與藝術家創作生命的較理想的基型。現在將問題分開來談:

一、先談「第三自然」部份

(一)對「第三自然」理念的解說

當後期印象派畫家喊出「我們照著太陽畫,怎樣也畫不過太陽的本身」這句話,便使我們清楚地重認到第一自然存在的層面與樣相——諸如日月星辰、江河大海、森林曠野、風雨雲霧、花樹鳥獸以及春夏秋冬等交錯成的田園與山水型的大自然景象,它便是人類存在所面對的第一自然;當愛迪生、瓦特發明了電力與蒸氣機,在那有電氣設備的冬暖夏涼、夜如晝的密封型巨廈內,窗外的太陽昇與落,四季的變化,都異於在田園生活裏所感覺的,再加上人爲的日漸複雜的現實生活環境與社會形態,使我們清楚地體認到另一存在的層面與樣相,它便是異於第一自然而屬於人爲的第二自然的存在層面與樣相了。

很明顯的，第一與第二自然的存在層面，是人類生存的兩大『現實性』的主要空間，任何人甚至內心活動超凡的詩人與藝術家，也不能超離它。然而，這一事實上已構成大多數人生存範圍與終點世界的第一與第二自然，對於一個向內心探索與開拓人類完美存在境界的詩人與藝術家來說，它卻又只是一切的起點。所以當陶淵明寫出「採菊東籬下，悠然見南山」、王維寫出「江流天地外，山色有無中」、艾略特寫出〈荒原〉，我們便清楚地看到人類活動於第一與第二自然存在層面得不到滿足的心靈，是如何地追隨著詩與藝術的力量，進入那無限地展現的內心「第三自然」境界。

可見「第三自然」，便是詩人與藝術家掙脫第一與第二自然的有限境界與種種障礙，而探索到的更爲龐大與無限壯闊的自然——它使第一與第二自然獲得超越，並轉化入純然與深遠的存在之境。此境，有如一面無邊的明淨之鏡，能包容與透現一切生命與事物活動於種種美好的形態與秩序之中，此境，可說是「上帝」的視境。的確，當詩人與藝術家以卓越的心靈，將一切生命與事物導入「第三自然」的佳境，獲得其無限延長與永恆的生機，這便等於是在執行著一項屬於「上帝」的工作了。

所以，當畫家站在第一自然的存在層面上畫太陽，雖畫不過太陽的本身，但畫家可以透過靈視之深見，畫出那活動於「第三自然」中的更爲無限與更具生命的內涵力的「太陽」；詩人王維與陶淵明在創作時（如上面例舉的詩），與第一自然於和諧中，一同超越與昇華入物我兩忘的化境；詩人里爾克、艾略特等在創作時，與第一自然或第二自然於衝突的悲劇感中，使「人」超越那痛苦的阻力，而在內心中感知到那無限地顫動的生之源，因而獲得到那受阻過後的無限舒展，終於產生一種近乎宗教性的狂熱與追隨、信服與滿足感；樂聖貝多芬的音樂在演奏時，當時無論是權力最高的王公也好，智力最高的哲學家也好，都被樂音中那種不可抗拒的神秘的美感力量所制服，而順從於內心的那種無限的嚮往……。如此看來，則無論是進入內心的那種無限的嚮往也好，進入物我兩忘的化境也好，進入內心中的更爲無限與更具生命內涵力的境界也好，都不外是進入我所指的那個使一切獲得更完美與充分存在的「第三自然」——它正是詩人與藝術家創造的。這種創造，在廿世紀後半葉，當人類對神與上帝逐漸發生懷疑，如果我們仍確信在內心世界中，有上帝所設造的「天國」，那麼我敢說再沒有像詩人李白、杜甫、陶淵明、王維、里爾克等人的詩句，更能確實地寫出「天國」的樣子；再沒有像米羅、克利、畢卡索等人的色彩與線條，更能確實地畫出「天國」的樣子；再沒有像悲多芬、莫札特等人的聲音，更能確實地說出「天國」的樣子。的確，詩人與藝術家將一切轉化入「第三自然」獲得更爲理想與完美的存在，在事實上，便也就是上帝（如果世間確有我信服的上帝）對萬物存在最終的企望與期求。

(二)「第三自然」創作理念的A與B兩大作業程式

A程式：

對象→潛在意象→美感意象

$A \rightarrow A^1\ A^2\ A^3 \rightarrow A^N$

在我看來詩與藝術絕非第一層面現實的複寫；而是將之透過聯想力，導入內心潛在的經驗世界，予以交感、提昇與轉化爲內心的第二層面的現實，使其獲得更富足的內涵，而存在於更龐大且完美與永恆的生命結構與形態之中，也就是存在於內心無限的「第三自然」之中。如圖中的對象A，經過聯想力，引人內心潛在的經驗世界，觸及同位質性的潛在意象A^1、A^2、A^3而交溶成A^N美感意象的無限效果。

B程式：螺旋型架構

的確，詩人與藝術家從「觀察」到「體認」到「感受」到「轉化」到「昇華」，直到進入靈視的「無限的內在心象世界」，這個世界，便正是存在於內心的「第三自然」之中。

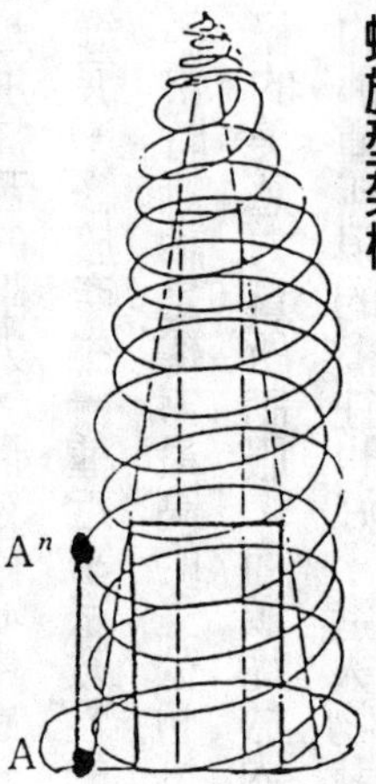

誠然詩人與藝術家如果站在第一自然（或第二自然）的A原象位置不動（如上圖中的A），

則詩與藝術確實的創作行爲仍在靜止狀態中。所以將A當做外在世界實在的「魚」或「山」來看，則詩人陶淵明必須將A向內做無限的超越與轉化，且玄昇到A^N的N度存在空間，不會去寫「悠然見『阿里山』」，而去寫「悠然見」「第三自然」中的「南山」；同樣的，柳宗元也不會去寫「獨釣寒江『魚』」，而去寫「獨釣」內心「第三自然」中的「寒江雪」。如果寫「獨釣寒江『魚』」，則讀者應大多是菜市場不懂詩的魚老闆，但寫「獨釣寒江『雪』」，則讀者便包括有哲學家了。可見由A轉化到A^N所形成詩人內心創作的螺旋型架構，已是詩人與藝術家在詩與藝術作品中，創造了人類存在於內心的「第三自然」中的一個永恆活動的基型，並掌握著詩人與藝術家創作生命那無限地演變與拓展的活動航道與空間。

同時由詩人藝術家透過「觀察」→「體認」→「感受」→「轉化」→「昇華」等思考程序，所形成人類智慧創作向前連續發展的「螺旋型」世界，一方面在「時間」上，可將「過去」、「現在」與「未來」相關聯地整體存在於「前進中的永恆時刻」，使創作中的「時間感」源遠流長生生不息；一方面在「空間」裏，「螺旋型」是「空間」上下走動左右迴轉的螺旋梯，它有不斷向上突破的尖端掌握美的巔峰世界，它也有無數變化衍生的厚實圓底，潛藏無限的美的奧秘。它甚至像是緊握在詩人與藝術家手中的一把螺絲刀，鑽開古今中外的時空範疇與現代物質文明圍壓過來的一層層「厚牆」，讓詩與藝術帶引人類不斷穿越，進入超於象外與脫離「框架」的無限境域，去呈現精神自由廣闊的形而上昇力；同時也鑽通所有已由美學世界出現的種種藝術流派與主義，以及由科技世界出現的各種新穎的使用工具媒體、資訊與生存的物質環境……等這些均視為創作上的材料，等待詩人與藝術家不斷將它溶解轉化入內心「第三自然」，去繼續展現創作新的「南山」境界，新的自然觀。

㈢「第三自然」應是世界上所有詩人與藝術家創作生命永遠的家

像陶淵明詩中的「南山」，柳宗元詩中的「雪」，都是屬於「第三自然」的景象，在第一與第二自然是看不到的；又貝多芬交響樂中的樂音、馬蒂斯畫中的色彩、米羅與克利畫中的線條、布郎庫斯與康利摩爾雕塑中的造型世界等，也都是在內心「第三自然」無限廣闊的空間才出現，只能被「靈視」見到、被「靈聽」聽到；在第一自然與第二自然是聽不見看不到的。可見「第三自然」正是現代藝術所一致強調的；藝術家必須去創造內在不可見的更為無限的實在。

的確也如此，如果人類只活在「第一自然」與人為的「第二自然」等兩個外在的現實世界中，去指認與說明所面對的一切而沒有進一步將之轉化與昇華進入超越外在現實的內心「第三自然」無限世界，去呈現一個更富足與新穎的「美」的存在，則所有的詩人與藝術家都將因此失業與無事可做了。

譬如我們看到天地接合處的那根線，一般人都只能說它是天地線或水平線，而詩人卻能經過聯想與轉化過程，將它說是「宇宙最後的一根弦」，使天地線變為更富足與新穎的「美」的存在。

譬如我們看到一隻廢棄在荒野上生銹沾泥的破牛車輪，正常人只把它當作廢物看待。但造型藝術家透過詩的靈視與聯想可從輪子生銹與沾泥的部份，看見與聽見輪子滾動過時空所留下的聲音與痕跡；甚至進一步，將它以一個幽美的角度，樹立在茫茫的荒野上，並標上作品的名稱「路」，而使我們從作品中，發現與頓悟到人類與宇宙萬物走在那條看不見起點與終點的路上，因而對存在時空，產生無限與莫名的鄉愁。於是那隻沒有生命的廢棄的牛車輪，便被藝術家創造成一隻帶動著所有生命轉動的有生命的輪子，而使藝術家無形中也成爲另一位創造「生命」的造物主——他能使沒有生命的變成有生命的存在；使有生命的，變成有更豐滿的生命內涵的存在。

又如上面曾提過的貝多芬與莫扎特的音樂，在演奏時，能使台下的王公貴族與哲學家都感動，並佔領他們的內心世界，帶領他們的心靈昇越到「美」的巔峰世界，臻至忘我之境，但究竟那些樂音中，含有多少噸的智識、學問以及思想精神與情感的威力？那是萬能的科學，也無法計算得出來的。這種奇蹟，只有進入內心「第三自然」無限的「美」的境域，才會感知與發現的。

由上面所說的這些實例，可看出「第三自然」不但是詩人與藝術家爲人類創造輝煌與永恆精神事業大展鴻圖的地方，而且更是詩人與藝術家精神與思想永久居留的老「家」。

二、接著談「螺旋型架構部份」

(一)「螺旋型架構」理念的扼要解說

「螺旋型架構」，很明顯是創作思攷世界的幾何造型形態與符號，既不同於單面存在的穩定的圓形，也不同於單向直指頂端的冷峻的三角形；它是溶合圓形與三角形進入多向度多面性的活動層次與程序，並包容有衍生的變化的圓形與層層向上昇越推進的三角形的銳點所形成的造型世界。像上面說過的，它既有圓厚的實底，也有向上突破的尖端，既有旋進去看不見底的奧秘，也有不停地旋上去的望之無窮的仰視、更有隨著螺旋型不斷在時空中向前旋轉，以360°的環視所展現的無限地開放的廣闊幅面。如此看來「螺旋型架構」的創作思攷造型世界，除了做爲「詩」與「藝術」向前創造的理想基型，滿足詩與藝術在無限變化的N度空間中活動的充份須求，尚可做爲人類文化向前推進的理想基型，因爲溶合溫潤的「圓形」與冷凝的「三角形」這兩個造型符號於一體的「螺旋形架構」，是無形中在進行著統合人類文化思想中的「感知」與「理知」、「靈運」與「理運」活動空間相渾成的造型世界。如果其中的「三角形」看來尙含有建築美的形態；「圓形」看來尙含有音樂與舞蹈律動美與音韻美的形態，則詩在「螺旋形架構」的創作造型世界中，也不會放過這些造型符號，所暗示與無限地開放的世界與實力。而事實上，「螺旋形架構」是具有巨大無比的容納性與涵蓋力，能被視爲是人類尤其是詩人與藝術家創作生命在時空中不斷向前探索、突破、超越與創造的生生不息的永恆基型。

(二)圖解「螺旋形架構」造型世界的由來

由於人類的思想活動空間，形如一透明的玻璃鏡房，「思想」走進去，前面明，背面暗；

暗面就是思想的盲點。因此，「螺旋型架構」採取360。旋轉與變化的視點，便儘量克服了可能在背後所看不見的盲點，讓多向度與多元性的開放世界，都能以確實可爲的卓越性與傑出性進入「美」的展望與永恆的注視，並使一切存在，都從有約束的框架中，解放到全然的自由裡來，呈現出更爲新穎、可觀與美好的存在。藝術家與詩人，便就是這樣站在「螺旋型架構」的世界中去拿到上帝的「通行證」與「信用卡」，去面對這一全然自由與理想的創作世界的。見下面所列舉的圖解與範例：

〔附〕「第三自然螺旋形架構」形成的圖解：

(1)圖——單面「圓形」

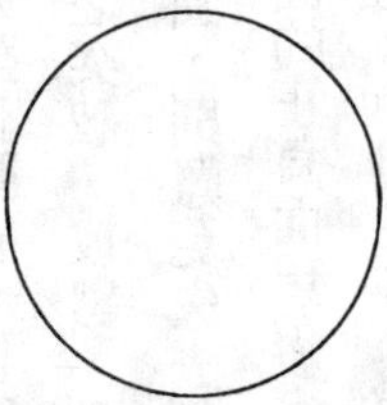

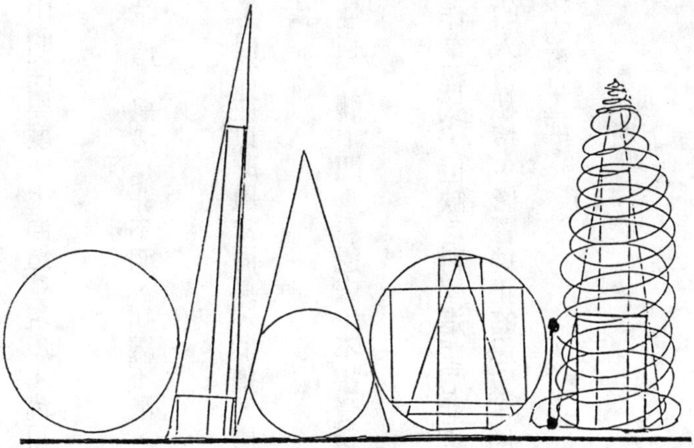

在「圓」的空間觀感中，給人雖有圓融、包容、和諧、安定與渾圓等正面感覺；但難免也給人有保守、知足、閉關、缺乏突破、攻勢、創新、與主動不斷求變的精神等負面感覺；加上又是單面（平面非立體）的圓，則難免失去創作世界中的深厚度。上面這些現象，尚可反映到文化層面，也可能產生下面的正負面現象：

● 「黃燈式文化」：雖緩衝相容，但往往不設或不看紅綠燈，形成是非不明、糾纏不清、沒有對錯、你搶我奪的劣根性現象。

● 「屏風式文化」：雖收歛、內省、謙讓、不露鋒芒，但往往以屏風當面具，假道、虛僞、鄉愿、內外不一致，黑箱作業……扼殺眞實甚至眞理。

● 「隔離式文化」：雖獨尊與維護住固有的，但排他性強，關上門，看過去；不接受新的挑戰，便不能快速的隨時代進步，形成落後現象。

● 「循環因襲式文化」：雖有因循性、慣常性的便易作業程式，但缺乏科學進步思想與守法精神，造成不確實，效率性偏低；加上人際上的人情私情，影響純正的思攷，便難免要偏離理想的前進航道，使文化產生出反應遲緩的癡呆症。

(2)圖——「三角形」（頂尖。銳角）

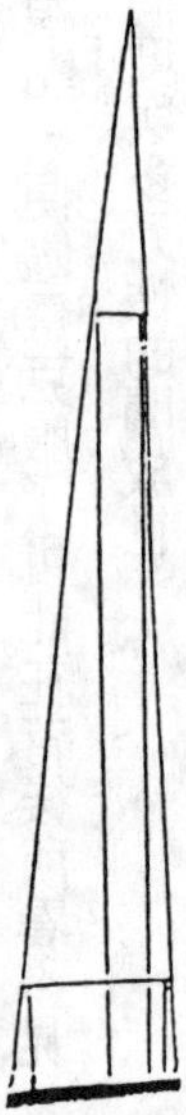

顯然，三角形的頂端與銳角，確具有尖銳的衝刺與突破性。藝術評論家畢哲利（Beazley）

認爲曲線與直線的長年之戰，到幾何時期，直線與銳角無論在形象與裝置裝飾上，都佔上風。的確也是如此。像蒙特里安（P.Monorain）的「新造型世界」與越來越都市化的文明景觀，都是強有力的爲直線與銳角這一優勢，予以證明與助威。

其實，像尼采超越精神的突破點、三島由紀夫悲劇精神的突破點、尖端科技向前推進的突破點……都是無形中站在三角形的頂點上，要求突破、進步、創新、不斷的存在與變化等堅持「絕對性的精神趨向」上，形成一股值得重視的生命動力，然而也因此難免帶來某些對抗性、失衡、否定、冷漠、緊張、焦慮甚至含有悲劇性的存在情景。

如此看來，具有穩定圓面的「圓形」與具有突破頂點的「三角形」，都一樣在做爲創作精神與思想活動的造型世界時，出現盲點。

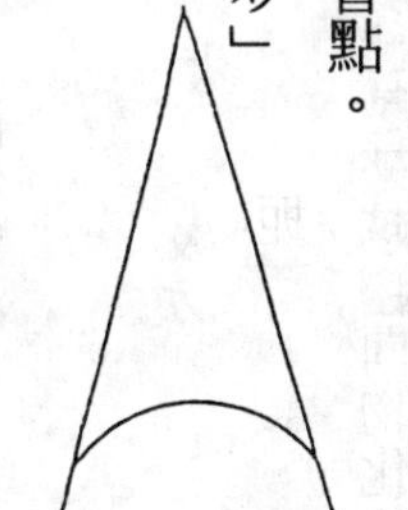

(3)圖——「三角形」呑沒「圓形」

由於人類在冷靜的知性與理性思攷中，創造了人爲的第二自然——「都市」偏於幾何圓形的建築性的生存空間，三角形（方形、長方形）便不斷的佔優勢，以確實明銳的直線與銳角，很冷漠的將溫潤與圓融的圓形呑沒（如上圖）。

結果形成感性被抑制，理性與知性大大昂揚的狀態。偏於西方科技與物質化的文明，逐漸呈強勢。偏向東方感悟與靈動的文化，便呈弱勢。物性強過心性，文明超前文化，人的心靈空間被物化空間佔領，精神的「形而上」性，有不斷偏向「形而下」性的傾向，科技與物質文明以壓倒性的實力。從三角形尖銳的頂端突破猛進，但也同時帶來人內在的空虛、寂寞、冷漠、無奈，以及生存的機械感與莫名的焦慮。

如此，「三角形」較「圓形」雖佔優勢，並圖呑沒「圓形」，成爲生命活動的基型時，但仍無法避免上面所指的那些盲點。

(4)圖——「圓形」包容且融化「三角形」，及方形與長方形

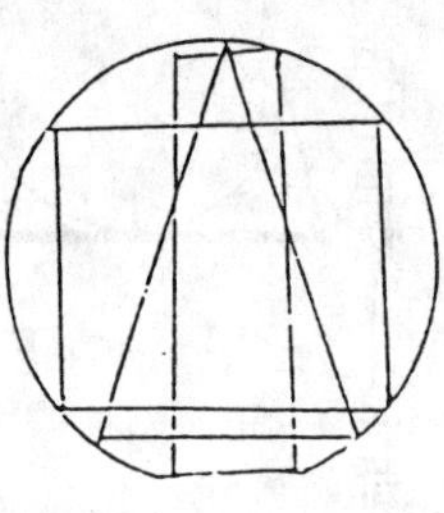

由於人類在現代物質文明高速發展已越來越趨向物化的生活中，已逐漸體驗出內心與精神的冷漠與空洞，於是較偏於提昇心靈境界的東方文化思想，便自然而然地有復甦的徵候，開始反彈，使人本與人文思想抬頭，反過來站在物質與物理世界的上面，使心性較物性爲重；文化較文明溫厚，同時也自然將冷然帶機械味的「三角形」方形與長方形（△□▯）的生命造型符號，移變、溶解入「圓」融與溫潤的「圓」形（○）之中，重現生命存在的律動感韻情與意境。

既然物理世界是客觀與中性的存在，科學只能證明客觀存在的眞實，並非人類生命存在的全部與最後的眞理，而人應是存在的「主體」，不斷感應與超越客體而存在。從「眞實」到「非眞實」到再現的「眞實」，便臻至所謂的第二度超越，進入本文中所指認的無所不在

的「第三自然」，方有可能體認到眞實中的「眞實，」與可望接近永恆的存在眞理；同時也方有可能進入那不斷向前旋轉的「第三自然螺旋形架構」，去面對不斷變化的創作生命世界，去確實把握詩與藝術生生不息的創作生命，去洞見人類文化思想在穿越時空與突破傳統向前發展的具有關連性的動向與脈動。

(5)圖——「螺旋形」

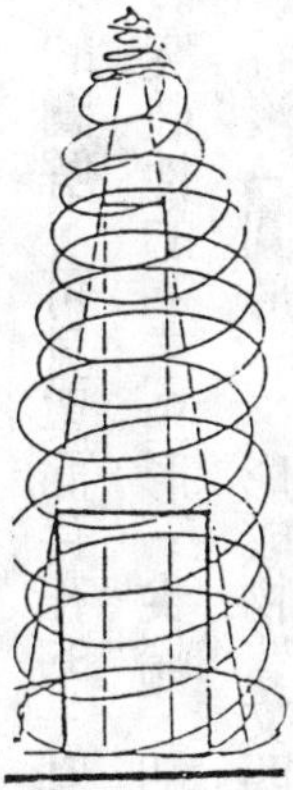

「螺旋型」便是由能溶化「三角形」「方形」「長方形」的「圓形」，不斷向前旋轉衍生持續而成，同上文**B**程式——「螺旋形架構」所作的註釋與說明是相一致的。此處的「螺旋形」便也就是「螺旋形架構」，它具有向360。彈性發展的多圓面所疊架的穩固的圓底，也有向頂點突破的尖端，於是已完全統合了「三角形」與「圓形」雙向活動的實力與機能；同時由於突破的「頂點」，到突破後重又向**N**度空間展現的新「圓」，再又向新的突詖「頂點」集攏等連續收放動作，便使「螺旋形架構」的思想世界，無形中又掌握到「演繹」與「歸納」兩大邏輯思攷系統以及也兼有「微觀」與「宏觀」的思想形態。

從上述的思想造型符號的特性中，「螺旋形架構」被做爲人類創造思想與文化思想向前推進與發展的理想基型，應是相當確實可靠的。因爲它不但能使詩與藝術的創作思想不斷演化，推陳出新，從傳統與已存的世界中，凸現新的傳統與新的創造世界，而且能使「文明」

在「三角形」的尖端，不斷獲得突破與前進的昇力，使文化在「圓形」的容涵中，獲得圓厚的實底與定力感，使具有精確銳角的理運空間與具有圓通的靈運空間相交合相互動，使物性與心性相交溶相交流，同時更使時間在「螺旋形架構」中，是一「前進中的永恆」，有前後的連續性，有歷史感，不像目前的社會情況，它是被物質文明快速發展的齒輪切割下的碎片。此外「螺旋形架構」也無形中在思想活動的造型空間裡，以無限自由與開放的包容性，解構古、今、中、外的框架，納入貝多芬與尼采不斷超越與突破一切阻力的「介入」精神，也納入老莊與王維不斷轉化與昇華、進入純境的「脫出」思想；在最後，它更以「三角形」頂點的尖端，刺入世界無限的高度與深度；以「圓形」360。展開的多圓面、收容世界無限的廣闊而使詩人與藝術家能因此成爲一個具有思想深廣度的創作者，使文化也成爲具有思想深廣度且不斷向前邁進的博大文化。

綜觀上述有序地發展下來的圖解，可見單面存在的「圓形」，雖富安定性與包容度，但保守缺乏突破與變化；而具有突破性的「三角形」尖端，卻難免帶來衝突對抗性、緊張、不安與冷酷性。至於「三角形」吞沒「圓形」，形成物質文明突進的強勢，人文精神發展的弱勢，有失衡現象，因而便不能不引起反彈，呈現出「圓形」反過來溶解「三角形」的現象，並以溫厚的文化力源，流入進步的「文明面」，讓人文與人本精神成爲生命存在的主導力，使人性與物性、感性與知性、文明與文化，進入相交溶相互動的中和情境，也使「三角形」與「圓形」終於在相抗拒中，趨向彼此間的融合，相輔相成的進入具有「三角形」尖端，也具有無數「圓」面的「螺旋形架構」的造型世界，這世界使固定的單圓面演化爲多圓面的立體「圓形」，且有多圓面在旋昇中所形成的「三角形」尖端，去不斷迫近存在的前衛地帶與突破點。如此，「螺旋形架構」的創作造形世界，便無形中掌握了存在與變化中無限地展開的創作世界及不斷向前突破與創新的實力，而這正是所有詩人與藝術家乃至任何創作者所特別強調與希求的。

三、談「第三自然螺旋形架構」的功能與貢獻

㈠「第三自然螺旋形架構」解救詩與藝術創作中的一些關鍵性的重大問題

(1)譬如當柏拉圖認爲詩人用詩去寫一座橋，倒不如去造一座橋，來得有意義與價值。於是，他便要把詩人趕出他的理想國。但如果詩人是寫存在於「內心第三自然」中的更具有存在內涵力的「橋」，像現代抽象表現主義畫家所共認的「我們雖畫不過太陽的本身，但我們可表現我們內心中所體認的更爲不可思議的太陽」，則詩人便可理直氣壯的對柏拉圖說：「柏拉圖，你理想國的坪數太小了，既容不下陶淵明更廣闊的『南山』，詩人們便只好自己搬出去，搬到宇宙萬物生命更龐大的生存空間裡去，用不著你來趕了。」

(2)唯有從外在有限的第一自然（田園）與第二自然（都市）超越而進入內心無限的第三自然螺旋型架構，方能確實認明「獨釣寒江魚」與「獨釣寒江雪」，是何等不同的生命境界，因而在超越的精神狀態中，看見一切生命活動於無限自由以及永恆與完美的基型中，獲得其

本質的存在。

(3)唯有進入內心無限自由與廣闊的「第三自然螺旋形架構」世界，詩人與藝術家才會了解「詩人與藝術家是上帝的代言人」與「詩人與藝術家是拿到上帝的通行證與信用卡的」這兩句話的眞義；甚至認爲世界上如果有天堂，則經由詩人的觀察、體認、感受、轉化與昇華等心靈活動所形成的那個具有超越性與充滿了美感的更爲眞實與廣闊的「第三自然螺旋形架構」世界，便的確是造天堂最好的地段。

(4)詩人與藝術家的創作心態，進入內心無限自由與遼闊的「第三自然螺旋形架構」世界，便是以開放與廣體的心靈來注視世界，他絕不會排拒存在於「古」、「今」、「中」、「外」裡凡是能構成他創作生命的美好的一切：他必定是以「不用鳥籠來抓鳥，而以天空來容納鳥」的廣闊的心境，來展開他多向性的創作境域，而不至於將自己侷限在單項性的偏窄路線上，縮小了創作的層面與幅度，因此可任意運用各種全面開放的題材與方法，不受約束地從事創作：

①他既可以寫「國破山河在」、「朱門酒肉臭」等涉及現實與人間煙火的詩，他也可以寫「人閒桂花落」、「白鳥悠悠下」等超越現實的具有意境的詩，他甚至可表現純粹物態與抽象美的詩。

②他既可以寫自己故鄉的鄉土，也可以寫第一自然（田園）更廣闊的鄉土，也可以寫第二自然（都市）的「鄉土」（人有一天到太空，則造在地球上的「都市」，便也是另一塊使

Armstrong站在月球上懷念的故鄉之土）；他甚至可寫前一秒鐘剛剛過去不復返的時空「鄉土」——就陳子昂筆下的「前不見古人／後不見來者」的「鄉土」等各種層面的鄉土。

③他既可寫精美、單純、明朗的好詩，也可寫帶有某些晦澀感但繁富而幽美的好詩。

④他既可寫以「白描」手法表現的詩，也可寫以「超現實」、「抽象」、「象徵」、「投射」、「極限」與「新寫實」等手法表現的詩。只要在表現上能達到傑出與完美的效果，都應該是好的。

⑤他既可以寫偏向以現實社會群體生命活動的詩，有時也可以寫偏向於個人特殊情境的詩。只要寫得確實好，都一樣的會被重視。

的確，只有進入內心「第三自然螺旋形架構」的存在境界，方能確實與徹底了解詩人與藝術家存在的最終目的，以及他在從事這項永恆的精神作業中，全面性與長久性的對象是什麼，而找到他們存在的眞實的位置。同時也使我們持有寬容與廣闊的視野，多向性地注視與容納凡是具有卓越表現的各種形態的創作，而使詩與藝術在人類廣闊的精神世界中，成爲不只是賣「一種貨」而是賣「百種貨」的大「百貨公司」。的確，只有這樣，方能使詩與藝術的創作，有更多的可能與方向，進入不同的「卓越性」與「傑出性」，而不致於「小兒科」地將詩與藝術推入單向性的狹窄的甬道裡去，發生「不向這裡走便無路可走」的嚴重錯誤。其實，在「第三自然螺旋形架構」廣闊的世界裡，有太多預想不到的美妙走法。也就是說，只有在「第三自然螺旋形架構」的情境中，詩人與藝術家方能確實擁有無限的創作題材資源與技能，而且認明自己是創造方法並非被方法牽制的創作者。

三十多年來，我看到許多詩人單向性地強調的種種，都無法通過全面性與最後性的質詢譬如有人強調限用這方法限用那方法來寫詩，或者限定題材強調只寫「鄉土」與「工農兵」的詩，那麼請問不寫那方法的詩，與寫「鄉土」與「工農兵」以外的詩，就非詩與非好詩嗎？我再三思索，經從全面性與更廣遠的角度來看，並進行深入與徹底的透視，最後才敢強調這一創作觀點：詩人與藝術家的確創造了人類存在的第三自然螺旋形架構，它不斷誘導詩人與藝術家將外在的現實，提昇爲靈視所看見的內在的更深一層與更豐富的「現實」；它因而確定了詩人與藝術家創作世界理想且永恆的基業，即使詩人以新寫實的敘述手法，表現現實的生活層面，但也無法完全躲避因內心「感應」與「感受」所形成的那段抽象距離，於無形中，移動與調整讀者內心對現實投入不同的「感向」與「感受」。否則，詩人與藝術家便該退下去，讓新聞攝影記者、報導文學與散文作者來執筆就夠了。目前就因爲平面直抒的敘事詩的流行，許多詩人未把對象帶進內心「第三自然螺旋形架構」的世界，獲得觀照與提昇，去引起靈視深一層的看見，致使現代詩陷入新的危機：⑴是詩質趨於單薄，⑵是缺乏意境，⑶是語言蕪雜、鬆懈，過於散文化，不夠清純。由於這三種缺失的現象，使現代詩繼承與進一步創造古詩一向所強調的詩質、詩境以及詩語言的精純感與韻味等這一優良的傳統，距離是似乎更遠了。於此，實在有賴「第三自然螺旋架構」予以援救。

㈡「第三自然螺旋形架構」不斷給傳統以創新的勢力

由於「第三自然螺旋形架構」的(A)作業程式中的從「觀察」↓「體認」↓「感受」↓「轉化」↓「昇華」的整個過程，所不斷順著螺旋形向前推進，呈現出超越後的全新的存在，便無形中正是給創作者突破與提昇傳統向前發展的無限力量。

譬如當現代詩人被飛機帶到雲上三萬多呎高的上空，進入幾乎忘我忘世的宇宙與大自然的渾然景觀中，心裡湧出下列的那些詩句：

千山萬水
何處去
千飛萬翔
翼在那
……
在沒有終點站的渾沌裡
問時間 春夏秋冬都在睡
問空間 東南西北都不在
太空船能運回多少天空
多少渺茫

在上述的詩行裡，不難體認與發現到詩中所展現的美感經驗與心靈空間（境界），顯然是與古代詩人同中有異的。「同」是彼此均企圖由詩中進入人與自然相渾和存在的靈悟狀態；

「異」是古代詩人進去，是從不受現代文明影響下的「第一自然（田園）」，直接進去的；而現代詩人是必須經由「第一自然」穿越由科技製作的「第二自然（都市）」過後，再轉進去的，這中間的心況與心境不大相同！古代詩人站在兩度平面空間的「地面」上觀看一切，仍有山有水。有花有鳥，以及有春、夏、秋、冬的時間觀念。所以柳宗元的「獨釣寒江雪」，乃是從「江」與「雪」轉化與昇華進入靈悟中的荒寒之境的，陶淵明的「悠然見南山」乃是由「採菊東籬下」有「菊」有「東籬」的地面實景，昇越起來的；王維的「山色有無中」也是由「江流天地外」有「江」有「地」的實境超越出去進入無限的悟境的。而現代詩人被飛機送人超離地面的三萬多呎高空，在無山無水、無時間感以及等溫的空茫世界中，在古詩人所沒有的這種美感經驗與特殊的的存在情境中，去企圖表現那具有「實際的立體空間感」，且有異於古詩人的靈悟的詩境。這也就是說，如果在「問時間／春夏秋冬都在睡／問空間／東南西北都不在……／太空船能運回多少天空／多少渺茫」等詩句中，詩人對宇宙萬物存在所產生的靈悟情境中也呈露有「圓渾」感，則這「圓渾」感中的「圓」形，是有西方科學性的「立體空間架構」包容在其中的；而王維詩中的「山色有無中」與陶淵明詩中的「悠然見南山」，其詩境所呈現圓渾感中的「圓」形，只是在純然中不斷「昇華」的圓，並沒有納入西方科學性的實際立體空間感，也沒有接受現代科技文明沖激的影跡。

這種相異性便說明現代詩人站在向前推進的「第三自然螺旋形架構」中，所表現的突破以及建立一己新的創作意念與境域，且對傳統進行著具有昇越與拓展的工作。

(三)「第三自然螺旋形架構」替現代都市詩人不斷護航

由於人類投入巨大的精力、人力與物力所創造的科技與物質文明，都大多往「都市」裡去；求生存與發展的大多數人，都多往「都市」裡跑；大多數詩人與藝術家都住在「都市」裡；「都市」的生活圈，又隨著密集的交通網，日漸把農村與田園都網進來……，像這樣，「都市」怎能不成爲全人類生存具有優先性與吸力的生活領域？「都市詩」又怎能不成爲各種詩型中，表現現代人生命、思想與精神活動型態，較具前衛性與劇變性的特殊舞臺？

誠然「都市詩」確是傳達這代人生活實況具有透視與剖解實力的特殊詩型。因爲「都市詩」一直在追蹤且掌握都市文明所不斷展現的「新力」、「新象」與「新境」，這對現代人尤其是現代詩人產生「官能」與「心態」雙向活動的特殊美感經驗，在這方面，確有重整與創新的無限功能，而有助於詩創作不斷向前推展與突破，產生新的藝術表現手法，避免詩滯留在缺乏新意且含有惰性與疏離感的陳舊形態之中。

可是，「都市詩」又不能只在「存在與變化」中抓住物質化與表面化的「新象」，它尙須進一步探入內心「第三自然螺旋形架構」所旋開的內在N度空間，去抓住深一層的眞實存在，而感知「前進中的永恆」，使詩不是短暫的新奇的流行物，而是永遠與人與心連在一起的豐富的生命資源。因而「第三自然螺旋形架構」便也無形中在爲現代「都市詩」護航，直指出兩個相當可靠與理想的航向：

1.「都市詩」創作者應以「心輪」帶動「齒輪」；也就是說，都市與科技「文明」的力量，仍必須以「心」去操縱，並使之轉化進入目前人類正再度追求的「新人文精神」的佳境。因爲離開「人」的一切，若不是尚未誕生，便是已經死亡。難怪有一位雕塑家，曾將自己以壓克力材質所完成的雕塑品頂端，用手劈斷，讓血流入作品裡去，滲入心性人性，才充分感到滿足、驚喜，以及覺得作品有「活性」與「溫暖感」。可見一切「美」的存在，呈現於詩與藝術，都永不能離開人的「心感世界」，尤其是那經過轉化昇華進入更高層次無限地包容的「第三自然螺旋形架構」的「心感世界」。

2.「都市詩」創作者追索科技文明軌道，以及透過智識與理論性的觀念所展開的想像空間，雖不容忽視，但注入眞實人性的割切力，抓住「生命」與「血」的聲音，更值得重視。這是所有從事心靈與精神永恆作業的作家，均必須堅守的，否則，「物抒」與「心感」沒有切實的交溶與掛勾，便難免呈現存在的冷漠性與疏離感，並失去作品對內心永久且絕對的襲擊力與誘動力，甚至引起人類內在生命產生第二度更爲嚴重的鄉愁。這種鄉愁便是人被關入冷然的「物性」與「理性」思考世界，而淡遠了溫潤的「人性」、「心性」，所引起的較之都市「電燈光」望著田園「菜油燈光」所引起的第一次鄉愁更可怕，因爲那是人離開了「人」的原本生命的故鄉。由此可見，將科技的理運空間與人文的靈運空間送進內心「第三自然螺旋形架構」去溶合成溫潤幽美的心象世界，確是「都市詩」必須深加省思與永遠堅持的創作導向。

(四)「第三自然螺旋形架構」替可能偏航的後現代創作者乃至人提出防範與救援策略

當西方思想家提出「後現代」不同於「現代」的思考形態與架構等種種論調時，任何一個具有醒覺精神的人，尤其是內心特別銳敏的詩人與藝術家，都勢必從眞實的生命活動環境與景象中去做印證與提出質疑，方能指認其論調的確實性與影響力。若如此，則我們會比較重視後現代思想大師德希達（Jacques Derrida）與詹明信（F.Jameson）等談到那些與詩人文學家與藝術家創作世界均有關的兩項關鍵性問題：

1.德希達（Jacques Derrida）在「後現代」思想層面上，對於「解構主義」論題中談及「〇度創作（Zero Degree Creating）」的問題。

2.詹明信（F.Jameson）在後現代情況，對整個人類存在世界提出可慮的裁決：目前，人類已活在沒有深度、崇高點，以及對歷史遺忘的狀況下。

對於德希達談到的「零度創作」觀念，我將它置入我在「第三自然螺旋形架構」觀視人類生命眞實活動過程的掃描鏡中，不能不客觀地指出它的實在性。的確，當人類在以往生活中，極力企求各式各樣的「權威性」、「絕對性」、「完美性」與精神存在的「頂峰」世界，都大多換來不同的苦痛以及不如意，而且生活得太費心，好像「自由」仍有限制仍有框架，便乾脆將眼睛放低下來看，除去一切不變的規範與偶像所加的負荷力與約束力，讓生存空間一直清除與空到零度重新開始的位置，讓新起的一切，排除舊有且自由任意的進出，並建立新的空間秩序與存在情況。在這樣「前」與「後」、「新」與「舊」隨著文明的外來變力，進行快速捷便的交接之間，無所謂「歷史感」、「永恆性」，連「心靈」也不必驚動，只是許多不帶根、來了便去的新異性的片段之裎裸。生命與世界，便像是電影鏡頭上一連串不斷出現與隱沒、不必我們深思的景象，放完爲止。在「來」與「去」之間，永遠是一個○度的虛白(虛無)空間，等待著另一個「來」與「去」。像這樣，何止是以往「達達」的意念，在我看來已是一種「超達達」的徹底且具體的行爲；像這樣的○度空間，連上帝都要問自己究竟在那裡？如何讓傳統倫理道德、莊嚴、神聖、崇高等這些高層次的文化精神意念永遠留在那裡？如何讓杜甫、李白、貝多芬、米開朗基羅與莎士比亞等偉大的精神塑像永遠在時空中浮現？

如果德希達談的○度創作意念，是被誤看成朝上文說的方向發展，那則是替沒有眞正精神思想實力與生命潛力之徒，從事浮面、流行、粗糙、品質低劣的大衆型文化與文學藝術，大開便門。我站在透過詩與藝術從現實中超越與轉化所形成那深具有人文與人本精神的「內心第三自然螺旋形架構」觀點上，是難能接受與贊同的。我雖同意前面「新」來的力量，能將後面「舊」的存在突破與解構重建，但並非全面的否定，而是必須確實具有超越舊有的實力，且能繼續變成「螺旋型」推進的爬昇力。否則將失去累積性與連貫性的建設效益，而使人類所不斷努力創造的世界，像用了便丟的保麗龍瓶罐。我並不擔心將世界與生存的空間，推到○度虛空(虛無)的位置，因爲世上許多大思想家也一直與「虛空(虛無)」在一起下「圍棋」。我是擔心從○度重新走出來，究竟是掙脫一切約束、自由自在、往來於「內心第三自然螺旋形架構」與永恆基型中的新的「老莊」，還是無知地否定一切走在都市文明熱鬧街頭的混混之徒？即使我們能以包容態度願意接近乃至接受〇度創作的觀點，但我們仍不能不要求在創作中，建立眞正的「新的實力」與「新的秩序」；我們不願看到在人類經由高度智慧所不斷創造的「文化城」裡，到處在炒流行、新潮、浮面的熱風，到處擠滿紊亂低水準的文化攤販，而看不見沿著「螺旋型」昇展的高層次與大景觀的文化企業大樓。

至於詹明信認爲在後現代人，已活在沒有深度、崇高點以及對歷史遺忘的世界中這一點，在我「內心第三自然螺旋形架構」對人類生命眞實活動的掃描鏡中，那確是目前一個存在的事實；但我認爲那絕不是存在的永久眞理。

的確，人類逐漸被現代文明高度發展的「急速度」、「物質化」與「行動化」的生存處境打敗了；尤其是被「速度」打垮了。

在農業社會，牛車走的速度很慢，它在寧靜廣闊的大自然裡走，走一步，人與車可停下來，有時間靜觀生命與大自然是如何進入「山色有無中」的形而上精神境界。但後來有了蒸汽機、汽車、飛機，速度加快了，人從田園走進都市，建築物圍攏來，在街口，把天空與原野吃掉；一種存在的焦急感、緊張、動亂、與空間的壓迫感，使人內在產生潛意識的抑壓作用，加上人在第二次大戰中受到的傷害與苦難，再送到都市機械快速的齒輪上，又再絞痛一次；以及尼采慂人將自我存在的主權從上帝的手中拿回來；於是一種從內心激發出對人存在價值的探求與精神往深廣度提昇，乃充分表現人對現實生存處境產生至爲強烈的抗力。文學家與藝術家雖已開始對所謂永恆與崇高的內在世界提出質疑，但卻沒有放棄對內在精神世界進行嚴肅與更深入的探索與開拓，以建立人與自我的尊嚴。

這一「階段性」的不同於田園型的特殊生存空間與情況，或許就是大家所謂的「現代」情況。當較汽車飛機更快的火箭、太空船與電腦等光電科技資訊不斷出現，將人類推入高速的生活環境，人便幾乎被越來越快的「速度」、越來越發達的「物質性」與越來越偏重的「行動化」，一層層的捆搏，甚至一層層的覆蓋與掩埋，直至內在完全失去省思、靜觀與轉化能力，以及空靈變爲靈空爲止。如此，人的內在便完全失去「現代」情況時期對「速度」、「物質化」、與「行動化」等重壓，所表現的質疑與反抗以及無力感，甚至被動地全面接受。這可從人們目前的生活層面上獲得證明。

當一群人急急衝過斑馬線，湧著進餐廳飯館、服飾店、百貨公司、超級市場、MTV、悠閒中心與酒吧，以及大街上千萬輛車追趕著速度，「世界」便擁擠在物堆裡、喘息在速度中，尤其是當掃描鏡照入卡拉OK，一大群人用腳拚命的跳，用嘴拚命的叫，使身體拚命的擺動，這都揭露大多數人的確在「後現代」，已被「高速度」「物質化」「行動化」等全力擒住不放。

像這樣，那裡來的精神「深度」、心靈的「崇高點」？當這一秒鐘還未定下來，另一秒鐘已把另一些事情塞給你，你如何去回顧背後的「歷史」？在後現代，一切都將推給科技資訊，交給直接經驗，大多數人是去看TV、看女人、看高品質的流行服飾，看大廈的室內裝潢、看鈔票，還是去看埋在文字堆裡連知識分子與所謂文化人都難找到、也不太想去找的豪華意象——精神境界？像這樣，便多麼有利於詹明信在「後現代」這階段性的時空位置上，將人類裁決爲「沒有深度、崇高點以及對歷史遺忘」的人。這個冷酷的事實，在我「第三自然螺旋形架構」的掃描鏡內，也不能不承認它的存在，只是我不能承認它是人類存在永遠持信的導向與眞理。而且我仍然相信把詹明信筆下所裁決的那個失去形而上昇力的人，送到詩人與藝術家內心長年居住的故鄉「第三自然螺旋形架構」去療養，是可望恢復其精神形而上的昇力的。

因爲經由詩人「觀察」→「體認」→「感受」→「轉化」→「昇華」的創作思想運作過程，使「第一自然」與「第二自然」的現實生存空間，轉化爲內心的「第三自然螺旋形架構」，便能產生形而上的昇力；站在寒江邊，不但能看到柳宗元在釣魚，也可看到柳宗元在釣雪——在釣整個宇宙荒寒孤寂的感覺。如果人類眞的一直被「高速度」、「物質化」與「行動化」封鎖在詹明信指控的沒有「深度」與「崇高點」以及「對歷史遺忘」的現實與冰冷的客觀世界中，而人類內在熱動與靈動以及充滿潤化力的暖式世界便將關閉，那麼通往「第三自然螺旋形架構」的世界之道，也將因而中斷，詩人與藝術家也無路回到自己的家——「第三自然螺旋形架構」世界，只好下放與流落在急變的現實中，被冷落成爲客觀存在做「抄寫」工作。因爲都市外在的速度太快，詩人抬頭望明月，「低頭」便不是「思」藏在「第三自然螺旋形架構」世界心境中的「故鄉」，而是發生「車禍」。當通入內心世界的聯想線路不斷被齒輪的高速度切斷，「時間」與「生命」便也在都市文明龐大的櫥窗裡，成爲無數陳列的碎片。

在此刻，人類能不覺醒並且向「第三自然螺旋形架構」世界去請求「美」援嗎？在詩人與藝術家居住的「第三自然螺旋形架構」世界全然開放的N度空間裡潛藏有下面兩項重大的資源：

(1)時間造型觀念的統化力。「第三自然螺旋形架構」世界雖也承認高速發展的現代文明所呈現的「存在與變化」進步情形，但它對現代文明所強調「存在與變化」所帶來相連性的冷漠的否定與切斷情形也有意見。它是將「現代」兩字的「時間感」視爲「這一秒」同「上一秒」與「下一秒」相融合、整體存在成一「前進中的永恆」時刻；它不但含有「存在與變化」的進步狀態，而且流露出超越文明的「文化性」與「史性」，不像現代文明所掌握的「存在與變化」，多是進行不停的淘汰、淹沒與遺忘。這樣看來，「第三自然螺旋形架構」世界所呈現整體性的時間觀念造型，對於生命與時間被現代文明高速齒輪輾成碎片，最後是有重新溶合的力量與功能的。

(2)空間造型觀念的統化力。「第三自然螺旋形架構」世界緣自「觀察」→「體驗」→「感受」→「轉化」→「昇華」的思想運作過程，這之間，因「轉化」與「昇華」的潛在形態含有回旋的變化「圓形」，也含有向頂端玄昇的「直展形」，便在互動中融合成爲一螺旋塔的空間造型世界。如上面已說的，它既有向前向上突破的尖端，也有變化與衍生的穩實的圓底。這樣，世界便不會只單向跑在物質文明高速向前推進的緊張、僵冷與單調的直線上，也不會只重複地繞著一個安定不變的圓在轉；這樣，人類智慧的創造，便沿著螺旋形不斷的爬昇：塞尚印象派以前的具象畫，經過現代抽象的表現過程，雖又一度回歸到具象的表現，但絕不是原來的具象表現，而是所謂新寫實與超寫實，於接受科技媒體與透視學的有利因素，便把具象如蘋果的果肉、果汁與纖維都畫出來。雖都是畫實物，但新寫實已通過抽象的內在過程，同過去的寫實已拉開一段「進展」的距離，在不同層面的「螺旋形世界」裡，雖相對視，但已是站在不同的基點上。如果只是「直線」，則只能將原樣的具象畫畫得更好，不會有新寫實的創新畫；如果只是一個不變的單圓，那麼畫來畫去，便會畫成僵化的標本畫了，如許多畫山水的假文人畫。

我覺得「螺旋型架構」世界，不但是人類生命存在與智慧創造的一個理想與永恆的基型，而且因爲它的空間造型，既含有建築性的層次構架，以及有三角形、方形、長方形等的幾何形蘊藏其中，又有靈動與韻律的曲線以及圓渾的圓形，在同整個存在空間相融合……像這樣的「螺旋型架構」造型世界，便顯然已納入人類生命活動的「靈運」與「理運」兩大空間。如此，它是否又可有助於整合近乎兩極化的東西文化，而成爲全人類文化發展的理想基型？

我始終認爲「第三自然」中的「螺旋型架構」世界既有旋上去的無限頂端，也有旋進去看不見底的深層，以及有連貫性發展的脈胳與軌跡，它在面對詹明信指控人在「後現代」已活在沒有「深度」、「崇高點」以及「對歷史遺忘」等狀態時，應可獲得改善的可能與理想的答案。

事實上，誰會相信世界上只有隨著天氣變化東飄西盪的浪面，而沒有深沉（「深度」）海底的海？只有低高度的山腳與山腰而沒有山頂（「崇高點」）的山？只有「現在」而沒有連住「過去」與「未來」之間的「時空連線」之存在？

我站在「第三自然」的「螺旋型世界」裡，認爲詩人與藝術家既是開拓人類內在更深廣的視聽世界，則應該反對「浮面」、「淺薄」與「流行性」的氾濫，並繼續在詩中探索與建立一個具有「美」的深度與不斷向頂端爬昇的創作世界，這個世界，確具有「現實」與「永恆」的雙重實在性，並永遠存在於人與萬有生命的永恆架構中。

㈤「第三自然螺旋形架構」重現「永恆」的形象

由於「第三自然螺旋形架構」，在360。不斷旋轉超越而上的動勢上，已打破古、今、中、外的時空框架，並獲得無限演化的自由存在空間，使「過去」、「現在」與「未來」在相脈動中，獲得「通化」與「互動」的整體時間效應，因而能使「傳統」固守的「拉力」變爲「推力」，加強「現代」同「未來」的引力相匯合的聲勢，於生生不息的向前邁進中，連結成一前進的「永恆」存在的形態。

的確，站在「第三自然螺旋形架構」上，以巨視的眼光來看，誰能否定「山色有無中」的境界，不是一直存在於「永恆」中，又有誰能否定被全世界各地紀念死了兩百年的莫扎特的偉大音樂，是一直在「永恆」中回響？既使是在各說各話的「後現代」，誰又能將世界性與歷史性的偉大人物如杜甫、貝多芬、莎士比亞、米開蘭基羅、克利、米羅、康利摩爾以及孫中山、林肯、愛因斯坦、亞利斯多德等人，請出「永恆」的回顧？其實「永恆」對我們而言，是一種永遠死不了的存在，而「第三自然螺旋形架構」便正是使人類站上去，不斷去觀看去探視那種不斷突破過去，現在與未來的永遠停不下來與死不了的超越的存在。

事實上，我們每天被一種莫名的生命力與希冀所引領，不斷向下一秒鐘進發，同一切事物在不同的遭遇中接觸，引發出內心對存在產生一種專注、信賴與嚮往，這都可說是無形中同廣義生存的「永恆」感有連線，不一定要像教徒在向上帝禱告時，方可能與「專利」的「永恆」來往。而且在現代，「永恆」已非上帝的私產；凡是靠你心靈最近且不斷在記憶中發出回聲與使你永遠忘不了的，都可能是與「永恆」扯上了關係。

由以上所說的，可見「第三自然螺旋形架構」在現代急速的「存在與變化」所造成不斷的遺棄中，以及在習慣信仰上帝「永恆」世界的固有模式中，它透過不斷超越與昇華的創作生命，確已發現與重認到另一種「永恆」存在的形態，它便是我所謂的「前進中的永恆」所形成在歲月與時空中，一種永遠不死的超越的存在，於存在與變化中，所不斷展現的永恆感。像上面所提到的那許多不斷在歷史中重現的偉大人物的生命形象，他們偉大的創作精神已進入湯恩比所認爲的「助使人類尋找到宇宙之中、之後、之外的超越的眞實」之具有永恆感的存在。當然，這同教徒心目中所始終信仰的不變的「永恆」雖相似，但不完全相同。所以，我們站在「第三自然螺旋型架構」上，可以說：「詩人與藝術家創造了人類心靈的另一個令人嚮往的永恆的世界，同上帝永恆的天國，門當戶對。」

註：此文是從我一九七四年寫的論文「詩人創造人類存在的第三自然」（發表在一九七四年七月37期「創世紀」）進一步，探索擴大寫成。

從我「第三自然螺旋型架構」世界對後現代的省思

「此文是一九九二年八月底至十一月底我與蓉子參加愛荷華大學舉辦的國際作家寫作計劃交流會（IWP），於「後現代主義與超越（POST-MODERISM AND BEYOND）」這一研討會的論題範圍中，我擔任三位主講人之一，所寫的有關論文。由愛荷華大學一位中國語言學博士周欣平教授翻成英文，並在研討會上，以英文做近三十分鐘的扼要宣讀。其中大部份內容撰自『第三自然螺旋型架構的創作理念』。」

後現代主義同後現代工業資訊社會、乃至同政治等思考架構，有顯著的因應作用與關係，本文不從這些方面去探討與談論，只將問題著重在與文藝創作的相關方面。

首先我要聲明：若將「後現代主義」改成「後現代情況」來談，我比較有權利與談論的資格，因爲「後現代情況」是一開放性的思想領域，只要你能確實從人類生命活動的現場，發現與掌握到迥異於以往的種種實據，覺察到「現代」思想，經過「階段性」發展，有顯著不同的狀況產生——就所謂「後現代」新的情況，則都有權利來面對各說各話的「後現代」提出一己的觀感，同時由於我是詩人，便自然是以「詩眼」來看，來進行深一層的探視。

對於文藝尤其是詩，我一向不太贊成標上「主義」兩字的標籤，即使在我的國家裡，批評家曾將我稱爲「現代主義的急先鋒」，我仍覺得不妥，因爲「主義」，是有框架的，而文藝作家尤其是詩人的創作精神，是不斷超越與不受制約的，是打破框架的，因一有「主義」的框架，便已如用「鳥籠」來抓鳥，而非以「天空」來容納鳥與給鳥自由無限地飛了，這對一個不斷超越進入自由無限創作領域的創作者而言，是多少有設限與不夠理想的。

一個具有涵蓋力與統化力的詩人與藝術家，在任何階段性的現實生存情況與境域、以及已出現過的任何「主義」乃至古、今、中、外等時空範疇、乃至「現代」之後的「後現代」的「後現代」……等不斷呈現的「新」的「現代」，都只是納入他們不斷超越的自由創作心靈之熔化爐中的各種「景象」與「材料」，他們對世界、對無數存在、與變化的一切，都必須是以「生命」與自由開放的「心靈」來面對與穿越，並創造與呈現出新的生命。因此，他們在人類無限自由開放的內在世界，方能有理由稱爲另一個造物主；方能認爲是唯一能拿到「上帝」發給「通行證」與「信用卡」的人。如此，便怎能甘願將自己關在某一個「主義」的框架中。

基於名正言順，我對詩人與文藝作家的眞正存在，先作一深入性的定位，然後從這一思考層面來看問題。

文章開始，我聲明以「詩眼」來看「後現代主義」，其實就是站在我「第三自然的螺旋型架構」世界來看，也就是站在超越第一自然（田園型）與第二自然（人爲都市型）等兩大現實性生存空間、進入創作者內心無限地演化的更廣闊的自然——「第三自然的螺旋型架構」的立體世界，以三百六十度環視的角度來看（如下圖）：

第三自然螺旋型架構

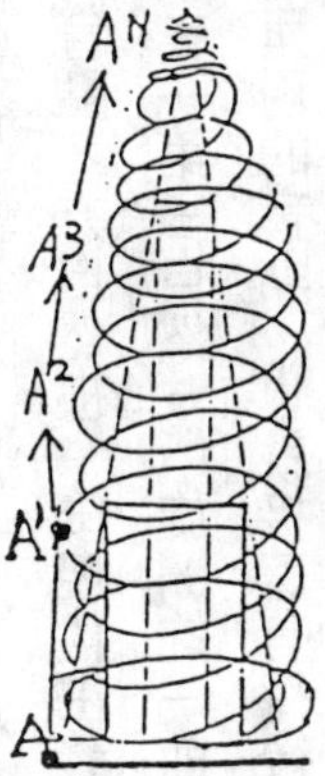

從螺旋型的A點旋昇至A^1、A^2、A^3……A^N，的無限境域，我們清楚地看到人類的創作智慧，是並非進行在缺乏歷史感與採取完全否定意識所從事的「存在與變化」的創造觀念模式中；也非停頓在重覆循環與閉守的單圓模式中；也非定向在缺乏轉動與變化的直線發展模式中，而是不斷旋昇在演進的「螺旋形」的「前進中的永恆」的創造觀念模式中。這樣我們方能進入一個更開放自由與整體觀的視野，去看文學中的古典浪漫、象徵、超現實、新寫實……以及繪畫藝術中的具象、抽象、新具象、後抽象等不斷演進的具有關聯性的發展實況；同時仍能看到死了千餘年的杜甫李白的詩，死了二百年的莫札特的音樂，仍穿越時空存在著感動人心的力量——這股死不了的超越的精神力量，應就是我所謂的存在於我內心「第三自然螺旋

型」世界中的「前進中的永恆」的力量，它可歸入思想家湯恩比（ARNOLD TOYNBEE）所認為的進入宇宙之中、之後、之外的永遠眞實存在之境，像物理世界中無形的微粒子，永遠散發著生命熄滅不了的動能，這也應是所謂偉大藝術家（文學家是語言的藝術家）透過創作媒體，所欲探索的終極目標。

因此，我本文不是在只肯定後現代主義階段性的必然性與其突破現代主義，所呈現的某些正面價值，而是更將之置入打破「主義」框架，同整體存在的相互觀照中，同時看出它背後所可能甚至已出現的某些盲點。

因為人類的思想世界，酷似一玻璃鏡房，任何被強調的「主義」思想，都難免在其面對的光亮面之背後，暗藏有盲點，必須在整個開放的透明世界裡，以「螺旋型」三百六十度的轉動，進行環視的掃描，使背後的盲點在旋轉中消失。如此，當現代主義不斷爬昇到「自我」與一切存在的「頂峰世界」所出現的盲點，方自然被「後現代主義」解構，進入「平面」多元化發展的傾向；同樣，後現代主義在「第三自然」所旋開的「前進中的永恆」的無限地展現的N度透明螺旋型世界裡，背後所呈現的盲點，也就接著有待後後現代來克服調整改善與重建。

所以我本文在「後現代主義與超越」（POSTMODERISM AND BEYOND）研討會所規劃論題範圍中，依個人所擬的相關題目來討論，乃是採取超越「階段性」的態度，抱持全面性的通觀與審視來探索且對後現代主義可能出現的盲點，有所指陳與難免有些批判。

在我印象中，後現代視覺藝術——都市建築是，是將現代都市空間解構，建立新的造型空間，納入歷史與傳統的陳蹟，以拼湊（COLLAGE）藝術手法，將古老的屋頂、拱門、窗臺、亭塔、碉堡……其至將田園的大樹移入大廈屋內（臺北就有一家餐廳以後現代的解構觀念，將一棵「田園」的大樹移進「都市的建築」中），反常態的湊合在一起。只強調極端新異的直覺造型效果，使視覺空間，像是任意裝進各式各樣不同性質物品的什錦果盤。至於後現代文學，也近乎如此，將有深入意涵性的主體解體，使一切脫離中心，讓任意向外延伸的諸多新異性與實在性的枝節與片段，均成爲個別的主體，湊合與陳列在一起，它們的存在，著重於「指符」所呈現的直接的實趣，不太考慮自「意符」所呈現的具超越與形而上性的意趣及其往精神深層世界所追求的深厚感。但這可能就是其潛藏的盲點。這種排除「主體」「重心」與「內在本質存在」的創作意念，同大家慣說的現代主義作家，不斷探索特殊自我，專一於精神巔峰狀態與本質存在的創作意念，是顯有某些不同的，甚至形成潛在相通的兩極化，因此我認爲如果有「現代」與「後現代」之不同情況產生，便可能是出現在這一條顯著的分界線上。

此刻我暫且不談在這一條分界線兩邊從事文學與藝術的創作者，他們詳細的作業情形。因爲現代與後現代目前也並非一刀兩斷分開存在的孤立體，創作者也大多有兩邊跨界的現象，何況現代與後現代之間，仍是一錯綜複雜糾纏在一起的問題，甚至各說各話，而我比較重視後現代思想大師所談到與詩人及所有文學家藝術家創作精神均有關的兩項關鍵性的問題，這也正是我開始就有意要探討的。

㈠關於有後現代學者在「後現代」思想層面，對於「解構主義」論題中談及「〇度創作（ZERO DEGREE CREATING）」的問題。（見一九八七年八月第十六期《當代》雜誌陳光興編著的〈詹明信的後現代主義評介〉）。

㈡詹明信（G.JAMESON）在後現代情況，對整個人類存在世界提出的可慮的裁決：目前，人類已活在沒有深度、崇高點，以及對歷史遺忘的狀況下。

這兩項不但是在二十世紀末對現代主義的創作生命，也是對全人類的內在生命，開了相當深的一刀，是好是壞，而縫合與復健的工作，都是不能不加以關切與該做的。

對於「零度創作」觀念。我將它置入我在「第三自然螺旋型」世界觀視人類生命眞實活動過程的掃描鏡中，不能不客觀地指出它的實在性。的確當人類在以往生活中，極力企求各式各樣的「權威性」、「絕對性」、「完美性」、與精神存在的「頂峰」世界，都大多換來不同的苦痛，常不如意，而且生活得太費心，乾脆將眼睛放低下來看，除去一切不變的規範與偶像所加的負荷力與約束力。讓生存空間一直清除與空到〇度重新開始的位置。讓新起的一切，排除舊有的一切約束，且自由的進出，並建立新的生存空間秩序與狀態。在這樣「前」與「後」、「新」與「舊」隨著文明的外來變力，進行快速捷便的交接之間，無所謂「歷史感」「永恆性」，連「心靈」也只是「心臟」的解釋，生存只是許多不帶「根」與「來」了便「去」的新異性的片斷之裎裸，而意義就是裎裸的本身。生命與世界，便像是電影鏡頭上一連串不斷出現與隱沒、也不須深思的景象，放完爲止。在「來」與「去」之間，永遠是一個〇度的虛白（虛無）空間，等待著另一個「來」與「去」……像這樣的〇度空間，如何讓傳統倫理道德、莊嚴、神聖、崇高等這些高層次的文化精神意念永遠留在那裏。如何讓杜甫、李白、「貝多芬」、「米開朗基羅」與「莎士比亞」等這些超越的精神塑像永遠在那裏浮現。

如果所談的〇度創作意念，是被誤看成朝上面說的方向發展，那則是替沒有眞正精神思想實力與生命潛力之徒，從事浮面、流行、粗糙、品質低劣的大衆型文化與文學藝術，大開便門。我站在透過詩與藝術從現實中超越與轉化所形成那深具有人文與人本精神的「內心第三自然」觀點上，是難能接受與贊同的。我雖同意前面「新」來的力量，能將後面「舊」的存在突破與解構重建，但並非全面的否定；而是必須確實具有超越舊有的實力，且能繼續成「螺旋型」推進的爬昇力。否則將失去累積性與連貫性的建設效益；而使人類所不斷努力創造的世界，像用了便丟的「保麗龍」瓶罐。於是我不擔心將世界與生存的空間，推到〇度虛空（虛無）的位置，世上許多大思想家也一直與「虛空（虛無）」在一起下「圍棋」。我是擔心從〇度重新走出來的，究竟是掙脫一切約束、自由自在、往來於「內心第三自然」與永恆基型中的新的「老莊」；還是那無知地否定一切走在都市文明熱鬧街頭的混混，降低了人類優美生命存在的品質。像目前的社會現象，在都市文明物慾泛濫的情形下，大多數人已越來越像是高級冷漠的文明動物，缺乏人性，我們怎能忽視文藝永遠對人類生命內涵世界所提供的優美的昇力。即使我們也以包容態度願意接近乃至接受〇度創作的觀點，但我們仍不能不要求在創作中，它眞正的「新的實力」與「新的秩序」之建立；而不願看到人類經由高度智慧所不斷創造的「文化城」裏，到處在炒流行、新潮、浮面的熱風，到處擠滿紊亂與低水準的文化攤販，而看不見沿著「螺旋型」昇展的高層次與大景觀的文化企業大樓。

至於詹明信認爲在後現代人已活在沒有深度、崇高點以及對歷史遺忘的平淡世界中。這一點，在我「內心第三自然螺旋型世界」對人類生命眞實活動的掃描鏡中，那確是目前一個存在的事實；但我認爲那絕不是存在的永久眞理。而詹明信也絕不會認爲是那樣，他只是仍用存在思想深入的判視所指認的荒謬的存在事實，他仍會注意另一位後現代大師李歐塔所持信的精神存在的形而上性與崇高點。

的確，人類在二十世紀逐漸被「速度」、「物質化」與「行動化」的生存處境所征服，尤其是被「速度」打垮是事實。

在農業社會，牛車走的速度很慢，它在寧靜廣闊的大自然裏走，走一步，人與車可停下來，有時間靜觀生命與大自然是如何進入「山色有無中」的形而上精神境界。但後來有了蒸汽機、汽車飛機、速度加快了，人從田園走進都市；建築物圍攏來，在街口，把天空與原野吃掉；一種存在的焦急感、緊張、動亂、與空間的壓迫感，使人內在產生潛意識的抑壓作用，加上人在第二次大戰中受到的傷害與苦難，再送到都市機械快速的齒輪上，又再絞痛一次；以及尼采慫恿人將自我存在的主權提昇，仍充分表現人對現實生存處境產生至爲強烈的抗力甚至控訴。文學家與藝術家雖已開始對所謂永恆與崇高的內在世界，提出質疑，但卻沒有放棄對內在精神世界進行嚴肅與更深入的探索與開拓。

　這一「階段性」的不同於田園型的特殊生存空間與情況，或許就是大家所謂的「現代」情況。當較汽車飛機更快的火箭、太空船與電腦等光電科技資訊，不斷出現，將人類推入高速的生活環境。人便幾乎被越來越快的「速度」，越來越發達的「物質性」與越來越偏重的「行動化」，一層層的捆縛，甚至一層層的覆蓋與掩埋，直至內在完全失去靈思、靜觀與轉化能力，以及「空靈」變爲「靈空」爲止。如此人的內在，便幾乎完全失去「現代主義」情況期對「速度」、「物質化」、與「行動化」等重壓，所表現的質疑與反抗；而呈示無力感，甚至完全被動與全面接受，迫使「靈動」空間被「物架」空間幾乎全部佔領，導至凡是看不見的內在形而上世界，都逐漸關閉；大多數人都急著往可見的外在形而上的物質世界逃亡。這可從人們目前的都市文明生活現場與實況獲得印證。

　當一群群人急急衝過斑馬線、湧著進餐廳飯館、服飾店、百貨公司、超級市場、MTV、悠閒中心與酒吧，以及大街上千萬輛車追趕著速度……「世界」便擁擠在物堆裏、喘息在速度中，尤其是當掃描鏡照入卡拉OK，一大群人用腳拼命的跳，用嘴拼命的叫，使身體拼命的擺動，都是揭發人的確在「後現代」，已被「高速度」「物質化」等全力擒住不放，「形而上」不起來。

　像這樣，那裏來的精神「深度」、心靈的「崇高點」；當這一秒鐘還未定下來，另一秒鐘已把另一些事情塞給你，你如何去回顧背後的「歷史」。在後現代，一切都將推給科技資訊，交給直接經驗，大多數人是去看TV、女人、看高品質的流行服飾、看大廈的室內裝潢、看菜單、看鈔票……還是去看埋在文字堆內連文化人都難找到也不太想去找的豪華意象——精神境界？像這樣。便的確有利於詹明信在「後現代」這一「階段性」的時空位置上，將人類也裁決爲「沒有深度、崇高點以及對歷史遺忘」的人，較海明威筆下的「稻草人」更空乏。

這個冷酷的事實，在我「第三自然螺旋型世界」的掃描鏡內，也不能不承認它的存在，只是我不能承認它是人類存在永遠持信的導向與眞理。而我仍然相信詹明信筆下所裁決的那個失去形而上昇力的人，送到詩人與藝術家內心長年居住的故鄉「第三自然螺旋型世界」去療養，是可望恢復其精神形而上的昇力的。

因爲經由詩人「觀察」↓「體認」↓「感受」↓「轉化」↓「昇華」的創作思想運作過程，使「第一自然」與「第二自然」的現實生存空間，轉化爲「內心的第三自然螺旋型世界」，便能產生形而上的昇力，使我們站在「東籬下」不但能看見「菊花」，尙可看見陶淵明心中的「南山」；站在寒江邊，不但能看到柳宗元在釣魚，也可看到柳宗元在釣雪——在釣整個宇宙荒寒孤寂的感覺。如果人類眞的一直被「高速度」「物質化」與「行動化」封鎖在詹明信指控的沒有「深度」、「崇高點」以及「對歷史遺忘」的現實與冷式的客觀世界中，而人類內在熱動與靈動以及充滿潤化力的暖式世界，便將關閉，那通往「內心第三自然螺旋型世界」之道，也因而中斷；詩人與藝術家也無路回到自己的家——「第三自然螺旋型世界」，只好下放與流落在急變的現實中，被冷落，爲客觀存在做「抄寫」與「廣播」工作。因都市外在的速度太快，詩人抬頭望明月，「低頭」便不是「思」藏在「第三自然」心境中的「故鄉」，而是發生「車禍」。像這樣，通入內心世界的聯想線路，不斷被齒輪的高速度切斷，「時間」與「生命」，便也在都市文明龐大的櫥窗裏，成爲無數陳列的碎片。在此刻，人類能不覺醒與向「第三自然螺旋型世界」去請求『美』援。因爲在詩人與藝術家居住的「第三自然螺旋型世界」全然開放的**N**度空間潛藏有下面兩項重大的資源，可提供救助的力量。

一、時間造型觀念的統化力：「第三自然螺旋型世界」雖也承認高速發展的現代文明所呈現的「存在與變化」進步情形。但它對現代文明強調「存在與變化」所帶來相連性的冷漠的否定與切斷情形，有意見。它是將「現代」兩字的「時間感」，視爲「這一秒」同「上一秒」與「下一秒」相溶合、整體存在成一「前進中的永恆」時刻。它不但含有「存在與變化」的進步狀態；而且流露出超越文明的「文化性」與「史性」；不像現代文明所掌握的「存在與變化」，多是進行不停的淘汰、淹沒與遺忘。這樣看來，「第三自然螺旋型世界」，所呈現的整體性時間造型觀念，對於生命與時間被現代高速齒輪輾成碎片，是有重新溶合的力量與功能的。

二、空間造型觀念的統化力。「第三自然螺旋型世界」緣自「觀察」→「體驗」→「感受」→「轉化」→「昇華」的思想運作過程，這之間，因「轉化」與「昇華」的潛在形態，含有迴旋的變化「圓形」，也含有向頂端玄昇的「直展形」，便在互動中溶合成爲一螺旋塔的空間造型世界。既有向前向上突破的尖端；也有變化與衍生的穩實的多面圓底。這樣，世界便不會只單向跑在物質文明高速向前推進的緊張、僵冷與單調的直線上；也不會只重複地繞著一個固定不變的圓在轉，這樣，人類智慧的創造，便沿著螺旋形不斷的爬昇——塞尙印象派以前的具象畫，經過抽象的表現過程，雖又一度回歸到具象的表現，但絕不是回到原來的具象表現；而是所謂新寫實與超寫實的表現，於接受科技媒體照相機與透視學的有利因素，便把具象——蘋果的果肉、果汁與纖維都畫出來，畫家雖都是畫實物，但新寫實已通過抽象的內在過程；同過去的寫實已拉開一段「進展」的距離，在不同層面的「螺旋形世界」裏，雖相對視，但已是站在不同的基點上。如果只是「直線發展」，則只能將原樣的具象畫，畫得更好，不會有新寫實的創新畫，如果只是一個不變的單圓，那麼畫來畫去，便會畫成僵化的標本畫了，如許多畫山水的假文人畫。

同時存在於「第三自然」的「螺旋型」世界，我覺得它不但是人類生命存在與智慧創造的一個理想與永恆的基型，而且因爲它的空間造型，既含有建築性的層次構架，以及有三角形、方形、長方形等知性的幾何形，蘊藏其中；又有靈動與韻律的曲線以及圓渾的圓形，同整個存在空間相溶合……像這樣的「螺旋型」造型世界，便顯然已納入人類生命活動的「靈運」與「理運」兩大空間。如此，它是否又可有助於整合人類思想偏向理性與悟性的兩極化，而成爲終極文化發展的理想基型。

我始終認爲存在於「第三自然」中的「螺旋型」世界，既有旋上去被人類仰視的無限頂端；也有旋進去看不見底的存在的奧秘的深層，以及有前後左右連貫性發展的脈胳與軌跡，則面對詹明信指控人在「後現代」已活在沒有「深度」、「崇高點」以及「對歷史遺忘」等狀態時，應可獲得改善的可能與較理想的解決。

事實上誰會相信世界上只有隨著天氣變化東飄西盪的浪面，而沒有深沉（深度）海底的海；只有低高度的山腳與山腰，而沒有山頂（崇高點）的山；只有「現在」，而沒有那連住「過去」與「未來」之間的「連線」的通化之存在。

而我站在「第三自然」的螺旋型世界裏，認爲詩人與藝術既是開拓人類內在更深廣的視聽世界，則應該反對「浮面」、「淺薄」與「流行性」的氾濫，並繼續在詩中探索與建立一個具有「美」的深度與不斷向頂端爬昇的高層創作世界，這個世界，對我而言，確具有「現實」與「永恆」的雙重實在性，並永遠存在於人與萬有生命的永恆架構中。

因此，我仍堅信存在於「第三自然」中的螺旋形世界，是握在人類生命手中的一把「螺旋形」的螺絲鋼鑽，幫助人類鑽開那由「高速」、「物質性」與「行動化」所形成的一層層圍壓過來的都市物質文明的厚牆，讓詩與藝術帶領人類繼續不斷進入超於象外的無限境域，並永遠保持藝術與詩在人類內心世界中去不掉的精神形而上昇力，讓所有已由美學世界出來的各種流派與主義，以及已由科學世界出來的各種新穎的使用工具資訊媒體與生存的物質環境等，均視爲新的材料與元素，等待，詩與藝術不斷將它們溶解轉化入「內心第三自螺旋型世界」——人類內在精神活動的無限境域。

同時站在「第三自然螺旋型」世界，那被現代主義與後現代主義相連破損的「永恆」形象，仍有重現其新的容貌的可能。

我之所以仍希望人類尤其是從事提昇人類內在生命進入佳境的文藝作家，能在對生命不斷向前探索與創造的過程中，仍抱持對「永恆」以及對同「永恆」住在一起的「眞理」，重新恢復信心，是因爲大家已看到在世紀末，人類活在後現代的泛價值觀中。好像越來越沒有價值標準，只要合乎我意的，就有價值；活在後現代泛方向感中，所有的方向好像都是方向，只要我高興的方向，我就去，結果是各走各的，走在沒有方向的方向裡……，也沒有所謂的絕對眞理以及對與錯，結果形成目前勢利、暴力、政客屬性、冷漠、性泛濫、毒品、愛滋病流行，甚至無情、無義、無信的劣質化社會現象。

此刻，人類的良知若仍對「永恆」與「眞理」懷有某些信望，至少不會使問題惡化下去。反之，既沒有「永恆」與「眞理」潛在的指引力，惡質化的行爲，便獲得更自由的放縱與擴張，影響之大可見。難怪有不少國家與地區，已出現文化重建與信賴宗教的救助措施。而我「第三自然的螺旋型世界」，便也一直守望與窺視著「永恆」在無限中超越與閃動的無形的形象。

的確站在「第三自然的螺旋型世界」以巨視的眼光來看，誰能否認「山色有無中」的精神境界，是一直存在於「永恆」中；又有誰能否認死了兩百多年的莫扎特他偉大不朽的音樂，仍一直在「永恆」中回響？就是在各說各話的後現代，誰又能將世界與歷史性的偉人如杜甫、莎士比亞、貝多芬、康利摩爾、米羅、以及孫中山、林肯、愛恩斯坦、亞利斯多德……等眞正的偉大人物請出「永恆」與「歷史」的回顧。

其實「永恆」對我們而言，是一種永遠死不了的存在感覺。而「第三自然螺旋型世界」，便正是使人類站上去，不斷去探視去觀看那種不斷突破過去、現在與未來永遠停不下來與死不了的超越的存在——它便是可感知與體悟的「永恆」的存在。

事實上，我們每天被一種莫名的生命力與希望所引領，不斷向下一秒鐘進發，去和一切事物在不同的遭遇中接觸，引發出內心對存在產生一種專注、信賴與嚮往，這都可說是無形中同廣義生存的「永恆」感有連線；不一定要像教徒在向上帝禱告時，方可能與「永恆」往來，而且在現代，「永恆」已非上帝的私產；凡是靠您心靈最近，且不停在記憶中發出回聲與使你永遠忘不了的，它都可能是與「永恆」扯上了關係。

由以上所說的，可見「第三自然螺旋型世界」，在現代尤其是後現代急速的「存在與變化」所造成不斷的支離破碎與遺棄中，其透過不斷超越與昇華的創作心靈，已的確感觸甚至體認到另一種永恆存在的形態，它便是我所謂的「前進中的永恆」。像上面所提到的那許多不斷在歷史中重現的偉大人物的生命形象，他們具有超越時空存在的精神，已進入大思想家湯恩比所認爲的——進入宇宙之中、之後、之外的無限超越的眞實的存在——那就是已具有「永恆」感的存在。

是故，我深信，後現代無論採取那一種解構形式，也無法阻止我站在「第三自然螺旋型世界」，以詩眼看到詩與藝術永遠在探索人類心靈存在的另一個具有永恆性的世界，而詩人與藝術家便終歸是要進入生命與事物的深處將超越的「美」喚醒，於有意或無意、有形或無形中，替人類具有「永恆」感的精神世界工作，除非人的「心靈」被「機器」全面取代，或人的內在生命全面物化。

最後，我想特別加以補充說明的，是我不能不（但是有條件的）也讚同後現代傾向「解構」，使用多元與開放性的創造思想表現形式與技巧。其實在我的詩尤其是我以包浩斯觀念，將我整座「燈屋」房子，溶合繪畫、雕塑與建築等三種「視能」，採取拼湊（COLLAGE）藝術手法所製作成一件裝置藝術（INSTALATION）作品，都早就使用到；在中國古代詩人馬致遠的那首名詩「枯藤、老樹、昏鴉、小橋、流水、人家、古道、西風、瘦馬、斷腸人在天涯」，便更早已用過多元意象的拼湊手法。可見後現代在創作中所強調的解構以及傾向多元化的組合，均不是問題，問題是在創作者，能不能眞的具有解構的實力、以及確實的通視力與統合力，於潛在中，使世界再度通往新的一元性。如果不能，而且又主張「不必」，則世界便可能流失、散落成無數蕪雜的枝節性的存在，失去美好與最高理想的完成，而粗略甚至矮化與俗化高層次的具有深度與廣度的創作世界，是難免帶來可慮的負面現象與盲點的。正如後現代有些理論家在「解構」觀點中所說的，將「太陽」擊碎（解構），使所有的「碎片」，都變成個別的「太陽」，這當然是美好的構想。但如果「太陽」被解構了，所有的「碎片」都不是「太陽」，只是零星的煙火，像目前世界日趨「流行」、「浮面」、「薄片」、甚至劣質化缺乏「理想」的文藝現象，那是我站在「第三自然螺旋型世界」所無法苟同的。同時，如果有人問我，人類無論活在古代、現代、與後現代、後後現代、及至茫茫的未來，究竟是抱持對「永恆」與「眞理」有信望較好些，還是完全否定有「永恆」與「眞理」這兩樣東西較好些，那我相信不但是我就是大多數人，都會在最後覺得前者較好些，對人類存在多一層良性的保險。

註：本文是由「第三自然螺旋型架構」一文中，提取大部份內容改寫的，爲應付本次研討會論文的發表。

讀詩人林燿德的「羅門思想與後現代」

讀林燿德這篇論作①，我感覺在大體上，他對我創作的思想與觀念在大方向上，是給予肯定的。至於他文中提出一些可進一步論談的話題，我想表示個人的一些意見，是能產生相互動性的對談效果的，首先他說：

> 「羅門」，做爲一個具備現代思想與前衛創新傾向的重要詩人與詩論家，在五〇年代以降臺灣詩壇形成一家之言，他的發展軌跡隨著自己的思想與詩風、以及整個文化環境的變遷而顯現出來。在多次有關潮流、技巧以及詩人內在生命本質的論爭中，羅門始終能夠提出獨到的見解，包括了創作的形式、與古典詩的關係，各種主義流派的反思，他的洞見維護了詩的純粹性，並且以不輟的創作親自證明了詩人毫不屈撓於現實的意志。

最後在結論時，他也說：

> 作者仍願指出，「羅門思想」中的「第三自然螺旋型架構」對於後現代的批判與修正仍然具備以下嚴肅的意義：
>
> ㈠羅門能夠以一己營造的壯美思想體系面對時潮，提出具體的立場，這種胸襟和氣魄，

在臺灣詩壇陷入沉寂、被小說界奪去解釋權的八、九〇年代，無疑是令人振奮的。

㈡羅門講究立場，雖然也有模型理論的自我制約，但比起後現代主義玩家的閃爍其詞、飄忽不定，他篤定而誠懇的態度值得肯定，重建眞理的企圖則令人敬佩。

㈢後現代主義者譏笑現代主義是「刺猬」，眼睛只能看到一個方向，他們又自比爲「狐狸」，可以同時注意不同的方位。不過眼觀八方的狐狸常常因爲咬不著刺猬而餓死，就算咬著了也往往痛斃當場。後起的浪潮不見得必然高過前驅的浪鋒；能夠堅持自我理念的詩人羅門是永不過時。

這兩段話，是他對我理論思想給予的肯定部份。

對於執著於現代思想、強調「無框限」的創作觀的羅門而言，後現代以及伴隨而來的影響是必須予以評估的。

至於該文中稱：

羅門習慣以「征服」、「佔領」等喻詞來形容作品的力量，偉大的作品「是那麼不可抗拒地侵襲入我們內在生命的深處，使我們成爲被美所征服與佔領之對象。」換言之，羅門相信文學意義的確定性，以及作者本身經驗範疇的無遠弗屆，後現代那一套閱讀多元化以及後結構主義者宣稱的「作者之死」自然成爲羅門所無法接受的言談。

於此，首先我要加以說明，關於後現代思想，我一直認爲現代人尤其是具前衛精神與創新力的創作者，必須去面對與接受挑戰，獲得新的創作資源與建立，若我對它有所質疑之處，那是它可能出現的某些負面與盲點（弱質化）的方面。至於我執著的現代思想，也並非是框進「現代主義」框架裡的現代思想，而是追隨著「第三自然螺旋型架構」不斷超越進入「前進中的永恒」的可向前納入後現代的後現代的不斷的「新的現代」。所以我一再表示我不喜歡用「主義」兩個字；批評家認爲我是「現代主義」的急先鋒，我也不敢苟同，我曾說過這樣的話，現代深一層的意義，不只是要我們去看一架舉重機將一座摩天樓舉到半空裡去的景觀；而是迫使人類以焦慮的心靈，等待與守望下一秒鐘的誕生。所以現代、後現代乃至後現代後的現代都只是同人類進行對話的「時空」。

說到我愛用「征服」與「佔領」的喻詞，的確是基於我發現與感受到文字與藝術符號背後潛藏有精神與思想的不可抗拒的力量，像物理世界的微粒子，無形地散發出一種神秘與震撼的力量，令人類信服感動，並接受它的「佔領性」與「征服性」，像貝多芬與莫札特的音樂在演奏時，幾乎所有具有慧悟心靈的人，包括皇公哲學家科學家……都幾乎被美的樂音感動與信服。我從未反對或贊同「後結構主義」者宣稱「作者之死」的論調。如果現在要我說：我認爲後結構主義有對也有不對的地方，對是站在後現代商業消費文化角度——作者是死是活，由大多數讀者來決定，如果不能流行，不能被資訊重複製作的作者就會不存在，會「死」。所以作者的作品出來，作者存不存在，已非重要，是「傳播」與「讀者」來做決定的問題。從現實的現象來看，確有對的方面，但也有不對之處，那就是作者本身也具讀者的身份，他會說，我的作品是要寫像我這樣水準的讀者來看，像有一位詩人就很狂地說「我的作品只要有一個眞正內行的人接受，便不必理會一千人無知的反對」。這樣是否「作者之死」或不死，已並不是重要的問題，重要的仍是作品的「好壞」與「死活」，寫壞作品的作者是死定了，寫好作品的作者，是永不會死。所以作者之死有「眞」死與「假」死，假死往往是好的作者，被「服務業」與「媒體」冷藏造成的。

如果將「作者之死」視爲創作上的一種「隱形」表現態度，則另當別論。我始終堅信能使作品確實進入「前進中的永恆」之境的作者，永不會死。

至於「文學意義」的確定性問題，我的解釋是：永遠給人類在符號背後發現與感知到一個更爲超越、無限、眞實甚至永恒的「美」的存在，我反對狹義的文以載道，因爲文學有其本身的自主性，不是載道的奴隸。但我也反對文學只爲了要技巧爲了「流行性」甚至低俗化的須求，不必有深層的思想意義，如果是那樣，文學家同耍魔術，玩政治與下棋打球有什麼不同？

該文中稱：

以羅門的敏感度和深思好辯的性格，他自然無畏於任何新思潮的挑戰，不過這一次他也面對了不同於以往的特殊課題：

㈠後現代主義是一群聲音而不是一套體系完整的文學哲學，甚至說它（們）是反哲學、反文化的。光是要弄懂李奧塔（Jean-Francois Lyotard）的崇高（the sublime）、哈山（Ihab Hassan）的沈默、德希達（Jacques Derrida）的元書寫（arche-writing）、德勒芝（Gilles Deleuze）的游牧思想（nomadism）乃至包希亞（Jean Baudrillard）的擬態機器（simulation machine）這些隨手拈來的術語就夠瞧的了，何況是將他們之間的堅白異同……。

㈡當羅門批判現代主義時，他本身是前衛運動的一分子；當羅門破解寫實主義的迷思時，只需要常識即已足夠。但是當他面對蠭起的後現代（諸）主義時，則面對了資訊匱乏的問題；透過那些蹩腳的中譯以及一知半解的介紹，錯誤的資訊只會令人感到更爲困惑，這是成爲世界資訊終點站的臺灣的莫大悲哀。因此，羅門批判後現代的基礎無疑會受到質疑；在多篇文字中羅門意圖反省「德希達的零度創作觀念」，然而德希達的主要觀點並不在此。

㈢後現代言談的領域擴及政治、社會、文化各項領域，並未局限在單純的藝文領域；在如此寬泛駁雜的視野中，如果將後現代主義挑空在純粹的藝術文學世界，顯然並無法解釋這些觀念的時代特殊性。

連德希達都屢次表明「我沒有立場」的「立場」，要抓住後現代主義和解構主義的狐狸尾巴，其實是一連串複雜而精密的推理遊戲。

後現代主義若如上面所說是「一群聲音」，則我的「第三自然螺旋架構」所說出的「前進中的永恒」世界，應也是一種聲音；而且是一種永遠在歲月與時空中存在的聲音，這可從林耀德在論文的結論中說的「能堅持自我理念的詩人羅門是永不過時」得到印證。而且我在以往曾說，我第三自然螺旋型世界，是以天空容納鳥，給帶著各種不同學問與思想的「鳥」飛，但它們都應以不同的「聲音」確實飛在「第三自然螺旋型世界」不斷超越的「前進中的永恒」的生命之境；所有的「聲音」都應確實發出「生命」的美的迴響，因爲所有的「學問」與「智識」都不能離開「前進中的永恒」的生命，否則都是思想的冰冷的材料。說到此，我必須以林在文中引用我的話，來做爲我後面論談的依據：

如果將後現代主義改成後現代情況，我比較能面對，也比較有資格來參與這項問題的探討。因爲後現代情況是一開放性的思想領域，只要你確實能省察到現代（主義）思想，在經過階段性發展，越來越有某些顯著不同的精神狀況發生時，緊接著現代思想之後，顯著的呈現出後現代新的情況，並能確實從人類生命活動現場、發現與掌握到那些確實迥異於以往的種種實據，則便都有權利來面對後現代，提出一己的看法與感想。

——羅門《詩眼看世界》

由這段話，可見我是在「各說各話」的權益下，對「存在」與「已出現的一切」表示自己的意見，不是去全面應對所有後現代主義各說各話的代言者他們的全部思想，我也非他們專門的研討者，那也不是我要走的路。縱然如此，我仍是有理由去對凡是被學者譯出來的，已成爲後現代主義各說各話的某一位代言者的某一些較重要的觀點（或尚有我未看到的更重要的觀點，仍有待學者譯出來），表示一己的意見，這應是可以的。因爲我面對存在的一切，不是貨品照收的代理商，而是有自己的工廠，吸取好的放棄不好的，來製造自己的貨品（意見）。也就是以我「第三自然的螺旋型世界」，來與一切進行對談，而呈現自己的論點，像我曾經對詹明信這位後現代主義的顯著人物，他將目前世界的人類，裁決爲沒有深度、缺乏歷史感的存在，這一嚴重問題（見一九八七年八月六日十六期的「當代」雜誌「詹明信後現代主義評介」）深有同感，便引發我個人進一步對後現代人類存在的實況提出質疑，並對目前所謂後現代偏向於沒有深度、沒有歷史感、流行、商業化、消費性格、浮面、淺薄等劣質化的文藝走向提出警告、批判與防範，應是有理由的，也有言論的正當空間，我並沒有反對詹明信的論見，只是附加我個人較強烈的判定。又林文中說德希達屢次表明『我沒有立場的立場』，這一由後現代思想家提出的觀點，我也不一定要全面查詢與了解各說各話的後現代主義，我只就這一個同人類存在關係也至爲嚴重的觀點，放在我第「第三自然螺旋型世界」來論談，並提出個人的意見應是正當的。我承認人有些時候，的確覺得持沒有立場的立場也是一種立場，甚至是超乎所有立場之上更爲合理與正確的立場。然而在思想的玻璃鏡房裡，持沒有立場的立場，仍難有背光與隱藏著盲點，那就是如果沒有立場的立場，一旦淪爲看風轉舵、騎牆、兩邊滑溜、沒有是非感，只跟著勢利跑，人的存在還會有什麼價值，世界豈不更糟，所以便不能不提出質疑，尤其是在後現代價值觀與是非感越來越模糊的時刻。

接著該文稱：

羅門的「第三自然螺旋型架構」其實並沒有否定「存在與變化」所產生的革命性力量，就如同眞正的解構主義者絕非虛無主義者而李奧塔這種「後現代權威」竟然以「崇高」

（當然其意義和現代主義時代的定義大不相同）做爲未來文學藝術的嶄新特徵。如果說「羅門思想」是「現代思想」對後現代情境／狀況的一次「絕地大反攻」，這並不表示他的觀念與後現代全無交集之處。

羅門本人也指出：「我不能不（但是有條件的）也贊同後現代傾向『解構』，使用多元與開放性的創造思想表現形式與技巧。」羅門所堅持的是「使世界再度通往新的一元性」；事實上，德希達的解構也是【一元→多元→新的一元→新的多元……】這種反覆移轉中心的設計，只不過羅門著重在一元性的恒定，而德希達則希望保持分裂與創造的繁殖過程。

做爲「現代思想」象徵的「羅門思想」，亦即其「第三自然螺旋型架構」是進化史觀的、追求「行進中的永恒」的形上學架構的、反消費文化的，這三項特徵是完全對立於後現代（諸）主義的訴求，因而扣除術語謬誤和意念可相容通的部分，可以萃取出三組對抗的課題：

㈠進化的文學史觀VS不連續史觀

㈡形上學體系VS反形上學（反二元理言中心主義）

㈢純文學的超越性VS讀者論

讀完林文這部份的闡述，第一段中認爲我是站在現代思想對「後現代情境／狀況的一次絕地大反攻」，但接著又將我說是同後現代仍有交集之處，以及文中的其他處也說我的「現代主義」（其實我的觀念是「第三自然螺旋型架構」中，由「前進中的永恒」所不斷演化的廣義的現代思想；非疊同於慣說的現代主義），有大的包容性，可見我面對後現代情況是採取選擇與批判的態度，非採取「絕地大反攻」的對立形式。也非「來貨照收」。

其實我是選擇地同意後現代凡是具有正面影響的思想表現的，從我十多年前，採取全面的解構觀念儘可能使所有的媒體以及主義、流派都自由參與到我所架構成的「燈屋」的藝術造型空間；以及我十年前以解構與拼合觀念寫的「曠野」長詩與後來爲林燿德「一九九〇年」詩集寫的序，都充份說明我對後現代創作意念所提供的正面效果，是深表重視的。當然對後現代偏向多元化所呈現浮面、粗略、失散與迷亂等的負面現象，我還是像對現代主義的缺失與盲點一樣的提出質疑與批判。

在此，我尚可提出另一個例證，譬如三十年前，根本沒有談什麼後現代創作上解構與拼湊的觀念。但創作上已有這種現象與情形，像我「麥堅利堡」詩中的「神來過，敬仰來過，汽車與都市也來過／而斯密斯威廉斯你們是不來也不去了。」這段詩的前一句，顯然已在使用後現代的「解構」與「拼湊」的創作意念與手段，使「神」（永恒、正義、仁慈）、「敬仰」（人間的崇敬，抽象觀念）、「都市與汽車」（吃喝玩樂與俊男美女的遊客）都不相干的從四面八方的拼湊在一起，爭論在一起；越是「各說各話」，爭吵的聲音，便越大，這一越來越大的「多元」的聲音，便無形中，在思想新的一元性中，匯合成更強大的力量，對著由七萬戰亡美軍所建起的「偉大」與「永恒不朽」的價值提出連上帝也難於面對的質疑；如果上述的那句詩中，解構後，「各說各話」後，便各自東西沒有「無形」的「新」的一元性予以統合，則不可能進入創作思想強有力的新的重力場，產生爆發力；也不可能使創作生命有能力確實進入「前進中的永恒」之境，這就是說所有的藝術創造者，無論採取何樣的解構與多元性的展現，最後都應該歸向「前進中的永恒」無限地超越的生命世界——這一潛在於「第三自然螺旋型世界」中的無形的「一元性」；否則都將成爲飄忽與無依的孤立存在境況，甚至失落，像「煙火」燦爛一時，不能昇華爲「星空」。

從這一「存在與變化」的「新的一元性」所呈示的具有形而上崇高感的存在觀，我想它同林燿德文中提到後現代思想家李奧塔所主張的「崇高」意念應是有交會的，但他有他的思想見地，我是從實際的創作中體認的。這又可見那生存在古、今、中、外不同時空中的人，他們對生命與世界，所引發的思想與精神狀態，有些時候，是很可能有彼此不約而同以及互相回應與交會的情形，像西方的嬉皮同中國的老莊。

至於談到我「第三自然螺旋型架構」著重在一元性的「恒定性」，這我想稍做說明。我主張從多元到一元，並非停在「恒定」的一元的原處，而是等待另一個新的多元性的展開，朝向另一個新的一元性發展。這樣方能進入我「第三自然螺旋型架構」的不斷超越的「前進中的永恒」之境。可見我抱持的一元性，非「恒定」不變的。至於說不同於德希達的一元性中所保持的分裂與創造的繁殖過程，這也不盡然。因爲「第三自然螺旋型架構」的尖端，並非指向「定限」與「恒定」的極點，而是不斷指向無限的超越之境，所以「尖端」之「極點」，也是蘊藏著有待分裂與繁殖的面，朝向新的解構之途，而形成生生不死的螺旋型的超越之存在，使現代與後現代乃至未來的後後現代，都同樣有被接納與被揚棄的地方。

談到這裡，反而浮現「後現代」，如果主張解構與多元化時，完全否定有一元性的存在，則我們在接受多元化的思考利益時，會感到有問題與難免產生疑慮：

⑴人類思想世界一直在互動的兩部大機器——「演繹（多向展開）與歸納（向無形的主導向匯合）」，如果只有前一部在轉動，非但不健全，而且不可能。

⑵如果後現代多元性對一元性進行解構，是把現代當作一座太陽擊碎，使所有的碎片，都分別成爲太陽，又能組合成新的與壯觀的太陽系，那是誰都可以接受與喝采的，但如果本身就不是太陽，被擊碎的碎片，如何能是太陽？既不是，便只是製作浮面、閃爍的紛亂現象，到處流行著薄片、粗略、弱質化、及至商品化、低俗化與地攤型的文學景觀，能不出現問題與盲點，令人疑慮。

又第三段說我反「消費文化」，我覺得稍爲籠統，其實我是有條件的反對，反對它過於商業化的平庸與低俗的性格，但我並不反對它也提供不少可能有利於增廣人類新的生存境況與形態，所引起思考與想像的新異性與激變性，而有利於創作。

至於文中提出的三項VS對抗課題：第一項「進化論文學史觀VS不連續史觀」，我除主張把「進」字改成「演」字，其實都大致同意，譬如後現代圖超越或反對「現代」，不能不與「現代」有「史」性的關係。第二項「形上學VS反形下學」，我大致同意，因爲沒有

「形而上」學，人類與世界的存在，便無法有超越的精神境界。但我「第三自然螺旋型架構」的形而上性，是必須經過「第一自然」與「第二自然」的形而下性，方超越而形成的，非「架空」的形而上性。再就是任何好的文學與藝術作品，不能沒有精神與思想的「形而上」性，因爲它不是「玩具」，已介入作者的藝術創作理念以及看不見的思想與精神的影射作用，產生內在性的感應空間，就不能或多或少的含有思想與精神活動的形而上形第三項「純文學的超越性VS讀者論」，這在我「第三自然螺旋型架構」的世界裡，並沒有顯著的對抗性，如果有，作者在創作中，傳達自己認爲純粹又具超越感的好作品給讀者，這種意識與行爲，沒有什麼不對。事實上，只有壞與不好的作品，才會永遠不對。

此外林燿德在宣讀他的這篇論文時，尙提到的一些相關話題，他認爲我提出「詩人與藝術家是上帝的代言人」與「詩人是拿到上帝通行證與信用卡的人」，這兩句話（前一句是作家常說的，後一句是我說的），後現代已不同意把詩人與藝術家放在這樣高的位置。我仔細的想一下，也的確不應該把他們看得那樣高，但我再仔細地深入的想一下，好像他們又的確有那麼高。因爲他們在不斷超越與昇華中的精神活動，進入充滿良知良能與智慧以及眞善美的境界，已事實上接近直理與永恒的存在。此刻眞正的詩人與藝術家，應是有資格接受上面這兩句讚美的話的。做爲世界性的政治家美國故總統肯奈迪也說：「詩與藝術使人類的靈魂淨化，權力使人類的靈魂腐化」，便有了更好的旁證。尤其是當今的社會，許多人跟隨功利與是非不明的世界陷落，詩人與藝術家在「美感」中超越的創作心靈，更應是提供出正面救助人的人。因而上面那兩句話，對眞正的詩人與藝術家，在情理上是說得通的，當然不是每一個詩人與藝術家都能做到。

至於他說我強調「嚴肅文學」排拒「通俗文學」，這我也得說明一下。如果我反對，便是指劣質化的「通俗文學」，我不會反對從通俗事物中做吸取與提昇並透過高次元的藝術表現、轉變成優質化的「通俗文學」；同時在我主張的「文學百貨公司」裡，賣的是百種貨，也排拒不了它也有存在的攤位，只是在最後的判定中，我仍然覺得「嚴肅文學」比較著重精神與思想層面，也較有高的創作價位。

此外，由於我一再說，我不喜歡任何「框架」，尤其是一個心胸開闊與具世界觀的愛自由的詩人與藝術家，更不喜歡。而林燿德在文中認爲我的「第三自然螺旋型架構」世界雖然具有無限的超越性，但也是一個框架。而我如果同意他的說法，那這一框架，應視爲沒有框架的「框架」，無形的「框架」；否則它也會變成一個有形的「鳥籠」；而非我所認爲的給鳥自由飛的「天空」，那樣的開濶、無限，那樣的似有形又無形。

最後，我想再加以說明的一點，也頗爲重要，那是我主張的「第三自然螺旋型架構」世界裡，「古、今、中、外」「過去、現在與未來」之間，都有「通化街」，但「後現代」則出現有「脫序」與「斷層」（不連續史觀）的存在現象，如果這現象被確認，那也並非「第三自然螺旋型架構世界」的盲點。其實，在其具「包容性」（林燿德也如此認爲）的三百六〇度的搜瞄鏡中，仍可看到「後現代」脫出「通化街」（連續史觀）的主幹道，凸現其「離間式」的存在，但它的存在終也難於忽視與否定像杜甫、李白、貝多芬、莫札特、米開蘭基羅、米羅等進入「歷史回顧」與「前進中的永恒」之境的不朽人物之存在。

寫到這裡我更深信「第三自然螺旋型架構」，是可超越各種階段性的流派、主義等有形的框架，是可包含「存在與變化」，邁向「前進中的永恒」的無限超越之境，去探索世界的，而且我發現它已是讓人類心靈去瞭望「美」與「萬物生命」的一座無限地向上超越的「螺旋塔」，同時它也已是所有詩人與藝術家永遠居住生活與工作的家鄉。

其實「詩」就是一座不斷在「第三自然螺旋型架構」中超越與昇華的螺旋塔，在瞭望與探視著不斷「存在與變化」的生命與世界，走動在「前進中的永恒」之中。因爲「詩」具有深入與無限的通視力，它甚至是文學家、藝術家、哲學家、科學家、政治家以及宗教家乃至神的眼睛。

【附註】

① 林燿德寫的「羅門思想與後現代」全文發表在臺北文史哲出版社一九九四年四月出版的「羅門蓉子文學世界學術研討會論文集」中，該文談的重要部份都納入。

② 有關我的後現代思想與「第三自然螺旋形架構」的有關理論觀點，可看陳鵬翔教授主編的「從影響研究到中國文學」（臺北書林出版、一九八二年）

讀陳鵬翔教授的「論羅門的詩理論」

陳鵬翔教授在八月份出版的２６７期中外文學發表「論羅門的詩理論」一文，讀後，除了對陳教授做學問的嚴肅與認眞表以敬佩，以及他對我從實際創作經驗中提出的思想與理念予以學術性的評析也感榮幸外，我想也表示個人的一些意見，以產生談論上互動性的效應，並可望使問題探討的過程與結果，更顯明與多一些參照性。

陳教授在文中認爲我的「第三自然」受施友忠教授主張的二度超越的影響。我的確能體諒他在一般正常的情形下，有這樣的看法，因爲施教授是有哲學思想的名學者；同時外在世界既被稱爲「第一自然」，內心進行「超以象外得之環中」的無限精神境界，視爲「二度超越」，就已足夠與相當完善，不必再有什麼「第二」與「第三」自然的糾纏情形。但從我多年來實地的創作思想與經驗來看，又的確有必要將「自然」分類爲三個：

「第一自然」是田園型的生活空間。

「第二自然」是人爲的都市型的生活空間（或稱機械與物質文明展開的生活空間）。有人造鳥——飛機、四腳獸——各種四輪車……太陽自窗外落下，屋內昇起日光燈的太陽光……。這一空間不斷的進步發展，人類寶貴的智慧、精力、財力與時間都大量投入這個存在與變化的空間，帶來科技文明的資訊，不斷刷新人類的經驗、思維、想像能力、觀物態度以及生存的景觀與創造的理念，這空間絕不同於田園型的生活空間。

「第三自然」便是指詩人與所有的文藝作家的內心世界，在不滿足於第一與第二自然兩大現實的生存空間，便將之提昇與轉化爲更富足與具有生命美的內涵的「第三自然」世界。

如果沒有人爲的「第二自然」，人只能與第一自然的田園對話，人沒有機會同都市的機械文明對話，便那裡來的前工業與後工業的社會形態以及現代與後現代的文藝情況；那裡來的現代抽象藝術、奧普、新寫實、光電藝術與多元媒體表現等五花八門多彩多姿的創作形態，豈不使我們只去看畫了又畫的水墨山水畫，難能滿足創作的慾望。事實上，沒有都市型的「第二自然」生存空間，等於把人類心靈對最具有挑戰性、前衛性與創新性的對話對象割離，勢必使我們在懷疑「現代」與「後現代」眞正的創作精神思想，究竟從那裡來，事實上，「第二自然」生存空間，已被視爲引發與拓展人類智慧創作的思想大磁場。再說我的「第三自然」理念是發表在一九七四年七月出版的「創世紀」，施教授發表的「二度和諧及其他」，是在一九七五年十二月號的「中外文學」較我晚一年半，我寫「第三自然」，也從未同施教授談過第三自然與二度和諧的問題。我之所以在創作理念中，特別凸現出人爲「第二自然」的都市型生存空間，是因爲我的詩觀特別強調「現代感」，甚至發現「都市」所主控的強烈的移變的「現代感」，同創作者使用的表現媒體，在活動時所顯示的形態、形勢、動變與創作思維空間的前衛性與新創性都含有極度的互動性與激化作用。當我們聽到有讀者說，某人的詩沒有「現代感」便幾乎是在說他沒有同「第二自然」——都市對話，他使用的語言媒體與表現的美感經驗，因疏離甚至孤絕都市生存空間的現場所造成的，我們甚至可進一步說，即使是後工業、後後工業、後現代、後後現代，也不能不去看「第二自然」——「都市」這一最富變化、最前衛、最激進、最具生存挑戰性的「文明櫥窗」——它不斷在調度與刷新人們的內視空間，影響藝術與文學的創作思想。

可見我的「第三自然」理念，是純粹由我個人創作中體認而來；之後，進一步探索成爲「第三自然螺旋型架構世界」，陳教授大文中也有評論。至於他論及我的「第三自然」同施教授與尼采三人內心的超越情境，我想也略補充說明個人的一些淺見。

我認爲施教授的兩度超越，近乎是一種流露出中國傳統文化人具有修持、有德性、無爲而爲的開濶與曠達的生命情懷，這種情懷在形而上的昇華中，便自然進入無限超越的和諧與圓融的心靈境界，這同尼采式的心靈超越雖都同是超越，但有所不同，尼采的超越，是屬於西方式的，有突破的「刀尖」、有「傷口」、有「悲劇」；施教授的超越，是屬於東方中國式的有謙和、寬大的包容性、有時對世事也有慨嘆，但沒有悲劇感，這種外歸造化，中得心源、融會圓通、超塵出俗、自足自給的超越心境，確也是人存在於世的一種至爲高超卓越的人生境界。尤其在物慾、功利、道德淪落以及韓非子講心術大行其道的世紀末現實生存環境中，便更顯得高潔與珍貴了。

至於我「第三自然螺旋型架構」世界，所呈現的心靈超越，同施教授、同尼采，也有所不同，如上文所說，它是從我多年來詩創作的實踐的心境所體認與呈現出來的，我認爲做爲一個詩與藝術的創作者，是勢必要穿越「第一自然」與人爲「第二自然」兩大實際的生存空間，並使之轉化進入內心「第三自然螺旋型」的具有超越精神的世界，方能臻至與達成創作的終極目的與企求；同時爲在創作中，有效地凸現作品的「現代性」「前衛性」與「創新性」，創作者便不能不正面地介入存在與變化的「第二自然」，並同之打交道與對談，以求在創作媒體的運用，以及思考空間與美學觀點有新的發現突破與建立——於無形中也顯示出這是屬於詩的創作「心靈」與「藝術」的雙重超越。並也因此，在存在與變化的時空中，看出詩人與藝術家有不同的創作心境與風貌，譬如柳宗元在千年前寫「獨釣寒江雪」，是在看得見有江有雪的景物來寫出人存在於荒寒中的孤寂感，表現心靈在超越存在中的覺悟之境；而我身爲現代詩人於被人爲「第二自然」的「機器鳥」帶到三萬呎高空，於無江無雪的新的時空景況之中，寫「問時間／春夏秋冬都在睡／問空間／東南西北都不在／太空船能運回多少天空／多少渺茫」，那便是在進行著一種和柳宗元同中有異的心靈超越，產生對宇宙的新的時空鄉愁。如果沒有「第二自然」造的機器鳥，我便沒有機會寫那樣的詩。

如此看來，無論是施教授的心靈超越，尼采的心靈超越與我內心「第三自然螺旋型架構」世界的心靈超越，雖都有突破現實與時空阻力，進入「前進中的永恒」世界之欲求，但形態與意涵都非盡同。

如果我說的不錯，施教授的超越，是一種自足性高、自守性強、以不變應萬變較溫和的觀照性的超越；尼采的超越是採取極端、激烈性、不妥協的一直向前突破的超越；則我的「第三自然螺旋型架構」世界的超越，是透過創作心靈同第一與第二自然多元性存在與變化的現場景況，經由詩的穿透力、轉化力與提昇力所進行的超越，便難免含有尼采正面介入引起衝突所產生的悲劇性，這是施教授的超越心靈，較不易出現的；有時也免不了含有施教授二度超越中所流露的一些偏於東方性的靈悟與自然觀（如我上面舉的詩例）。這是同尼采的超越心靈所呈示激烈性的悲劇精神多少有距離的。

談到此，在思想的玻璃鏡房裡，便清楚地凸現彼此內心存在的相異性以及難免出現的盲點，那就是當施教授進入天人合一、道可道非常道以不變應萬變的靜觀自得的超越境界，有其高尚與令人敬佩之處的同時，他對「存在與變化」的時空，其主動、直接與正面介入實際生存現場去對質，去從中引發新的演化，甚至新的激變與異化作用，產生新的觀照力與新的視野這方面較聽其自然，不予以特別與積極的關注，近乎是陶淵明「悠然見南山」式的隱遁與淡泊的無爲而爲的超越心態，這種「大而化之」的「省略」與「跨越」，最後是難免同現實尤其是同目前已使「文化」、「政治」與「經濟」三種不同性格的思想解構交雜在一起的「後現代」以及同偏於行動化、功利化、快速地發展的後現代多元化價值觀世界，較缺乏對話，顯有某些隔閡與疏離感；而尼采採取「有爲而爲」永不屈服的向卓越的精神顛峯世界超越，雖令人類不能不也對他表示驚讚，但他具強勢與帶有激烈英雄色彩的不可阻擋的突破與超越，帶給人類心靈一波波的悲劇、傷口與痛苦，也同時使人類感到好累！

至於我是詩的創作者，在我「第三自然螺旋型架構」的超越世界裡，一方面必須介入生命存在的現場；一方面又必須從現場超越，像是站在水平線上，必須看「現實」的千波萬浪的海，也必須看超越現實的海之外的海。在人生中，我一直希望有一個「合理」而且有原則像「奧林匹克運動場型」的現實生活空間，但事實上，它都一直很不「合理」，我又相當堅持，有時我也會理直氣壯，採取尼采不妥協的直前態度，但那只會把事情弄得更不理想；採取施教授隱遁式的無爲，從另一個角度看，又近乎是另一種美麗的隱退，甚至是另一種美麗的逃避；可是企求「正面」穿越，又難免連續造成自己的傷害。於是便被卡在「介入」與「脫出」的拉鋸戰中，不得不面對「存在思想」明知不可爲又不能不如此的某些荒謬與躲避不了的悲劇性的存在事實。如此看來，三人雖都是超越，但都顯有某些不同；同時整體看來，我較偏於「詩」，施教授與尼采較偏於「哲學」性，如果單將我與施教授的超越心境作個比喻，則在心靈的天空裡，施教授已昇華到雲上的純然的藍空，而我是必須介入生活現場去創作的詩人，於是我雖也有時超越到雲上的無限境界，但我也必須經常「形而下」的穿越雲下充滿了煙火炮火與濃煙的現實世界，進行雲上與雲下的相互直接對話，同施教授悠然在雲上的靜觀心境顯有同與不同之處。

接下來，陳教授提到我的悲劇精神部份或因他的文章過長，篇幅限制，未能充份評述，我想也在這裡做一些補充。

涉及我悲劇精神論述的文章，主要是我在一九六四年寫的「現代人的悲劇精神與現代詩人」①「談虛無」②；一九七四年寫的「長期受著審判的人」③、「人類存在的四大困境」④、「悲劇性的牆」⑤；一九六九年寫的「現代作家與人類面臨的困境」⑥「心靈訪問記」⑦、一九八六年寫的「時空的回聲」⑧、以及一九九三年寫的「詩眼看自我」⑨「詩眼看死亡」⑩「詩眼看永恒」⑪、「詩眼看眞理」⑫等論文與一九八九年寫的「內在世界的燈柱——我的詩話」⑬。

從上述的論文中，可看出我悲劇精神的思想，幾乎是繞著我詩創作的四大主題——「人面對自我」、「人面對都市文明與性」「人面對戰爭」、「人面對死亡與永恒的存在」而引發的，現在做扼要簡明的闡述：

第一主題「人面對自我」所引發的悲劇，是因爲人活著，總想堅持不被扭曲的自我形象；但複雜的現實社會環境，一直是一面哈哈鏡，有時要你面目全非。而人活著，一出生便因睡覺已死去三分之一，還要吃、喝、拉，所剩的時間的確不多，若再遇到那許多「不眞實」也等於死亡的存在，能不令人面對自我時，或多或少敏悟與驚疑到人自我存在的某些荒謬與悲劇性。當然鄉愿與勢利的人，是不會認識悲劇的。

在這個主題中，我寫了「窗」、「逃」、「螺旋型之戀」、「山」、「觀海」「孤煙」、「野馬」……等相關的詩⑭。

第二個主題「人面對都市文明與性」所引發的悲劇性，那是因爲都市大量出產「物慾」與「性慾」，人被物質文明放逐在都市綠色的原野上，成爲文明的動物，形成看不見的獸蹄，不斷踐破結婚禮堂的紅毯；結婚與離婚的強勢對抗，是「家居」與「賓館」分別支持的，結果最後的裁判，是炸彈往戰場炸；肉彈往城裡炸，炸得道德與倫理四處逃亡，炸得男人變成女人的避難所。女人變成男人的療養院，炸得形而上的「空靈」變成形而下的「靈空」，「消化」優勢於「文化」……這樣人面對都市文明與性，能不或多或少感覺到一些不可奈何的悲劇性的存在，而且又是在「荒謬」的劇場演出。

在這個主題中，我寫了「都市之死」、「都市！你要到那裡去」、「都市是一部作愛的機器」、「女性系列」、「都市的旋律」、「都市的落幕式」、「週末事件」……等相關的詩⑮。

第三個主題「人面對戰爭」所引發的悲劇性，是因為我發現人類用一隻手從戰爭中抓住勝利、光榮、神聖與偉大的同時，心須以另一隻手，抓住滿掌的血；當戰爭追著死亡來時，無論你是穿軍服、便服、學生服、童裝、嬰兒裝、吐乳裝、或是紅衣黑衣聖袍，都一同要死在炸彈爆炸的半徑裡；可是戰爭過去，抓到的俘虜，卻不忍心殺，可見戰爭的確是一幕上帝既不編導也不忍心看的悲劇，而人往往必須自己來編導，自己站在血與淚裡看。

在這個主題中，我寫了「麥堅利堡」、「板門店38度線」、「遙望廣九鐵路」、「彈片TRON的斷腿」、「子彈炮彈主阿門！」、「世界性的政治遊戲」、「旅途週末事件」……等相關的詩⑯。

第四個主題「人面對死亡與永恒的存在」所引發的悲劇精神。先是因為我從詩眼中看到了世界上最大的綁架案，是「死亡」的左右手——人永遠抵抗不了的「時間」與「空間」，當我們出生，它便將我們從搖籃一直綁架到殯儀館，而且一直破不了案；接著又看到一個將軍躺在病床上，望著衣架上的軍服，那一排排勳章像石級，他曾跟著歡呼與掌聲往上衝刺，可是此刻葡萄糖緩緩往下滴，他衰老無力的心臟也往靜止的方向慢下來……同時在另一個病房裡，又看到一個企業巨子，也躺在點滴緩緩往下滴的病床上，昏暗的雙目，無力地望著窗外一家家銀行的廣告牌，他的財務律師，也特別對他說「董事長，你支票簿最後的數目字，已可買下整座城」，他顫抖的雙唇被死神彈弄，究竟回答什麼，誰也聽不清楚。此刻能不引發人存在的悲劇感，而更進一步看到「死亡」將人存在的三個層次，已架構起一個莊嚴淒美無比的悲劇世界。

(1)於存在的第一層次——人活著，最後都要被時間消滅。

(2)於存在的第二層次——人被時間消滅過後，尚可從銅像、紀念館、百科全書與天堂裡復活過來。

(3)於存在的第三層次——我們發覺他死了，銅像、紀念館、百科全書與天堂，安慰的是我們，他沉睡在沒有鐘錶的世界裡，太陽從那裡昇起來他也搞不清楚了。

於是逼使我們不能不從心底叫喊出「生命最大的迴聲是碰上死亡才響的」而感到悲劇的存在。

在這個主題中，我寫了「死亡之塔」「第九日的底流」兩首長詩、「光穿黑色的睡衣」、

「睡著的白髮老者」、「誰能買下那條天地線」、「死亡一直那麼說」、「永恒在都市是什麼樣子」……等均是在悲劇感中，對死亡與永恒進行沉思默想的詩⑰。

將上述的四個涉及悲劇精神的詩創作主題思想，同我寫有關悲劇精神的論作，連在一起看，或許能使我詩的探索的心靈，在對人類於茫茫時空中存在所產生的悲劇精神與情境，其形象更具體些，內涵更充實些。

雖然我也曾確認悲劇是一種能使心靈產生思想深度的力量，但我也認爲作家的創作生命資源，是可分佈到其他方面，不一定都是寫悲劇性的詩，其實我也寫了不少與悲劇性無關的詩。

再就是我想對陳教授在文中，提到我常愛說「心靈」與「上帝」，在此，也做一些解釋，因爲當存在思想進駐現代，尼采宣佈上帝已死，「現代人」對上帝的存在多表以懷疑；「後現代人」又大多對上帝採取否定的態度，甚至對「心靈」，也因爲西方科技日漸強調腦的知性功能，而有所冷落與被架空的情形，那麼我愛說「心靈」與「上帝」，不正是成爲被批評的對象，此我必須加以說明。我認爲任何人都仍然可以說「心靈」與「上帝」，但還是要看怎麼說。

的確，我曾說過「心靈」與「上帝」，我是在我的「詩話」中這樣說的：

·「詩與藝術創造『美』的心靈，如果死亡，太陽與皇冠也只好拿來紮花圈了。」

·「世界上最美的東西，必定是往心靈裡放，雖然也不能不經過高明的腦，但最後要產生『美』的感動，便不能不在腦與心之間有一條通化街，將詩與藝術的創作世界，最後都送往有靈思與慧悟的心靈裡來。」

·「如果這個世界確有我信賴的『上帝』，則到祂那裡去，我不反對別人沿著胸前劃的十字路走去，因爲後現代主張多元化，尊重個人的選擇，但我認爲沿著視覺藝術家的視道，聽覺音樂家的聽道，文學家與詩人『美』的心路走去，沿途會有更美好的風景。」

·「如果這個世界，確實有我心目中的『天堂』，則詩人與藝術家創造內心的美感空間，便是造『天堂』最好的地段。」

·「『永恒』已非上帝的私產，也非用來贈給『死亡』的冠冕，它只是那些靠你心靈最近不斷發出迴響使你永遠忘不了的東西。」

·「在我看來『詩（POETRY）』已是所有文學家、藝術家、哲學家、政治家、宗教家及至『神』與『上帝』的眼睛，因爲『詩』具有無限的高見度的靈視，能看到世界上最美最精采乃至『永恒』的東西」

·「『詩』在超越的N度空間中，追蹤美，可拿到『上帝』的通行證與信用卡，並可走進湯恩比所認爲的進入宇宙之中、之後、之外的永遠眞實存在的世界，同『前進中的永恒』一起走」

從上述的這些話，可見我說的「心靈」是用來存放由詩與藝術所創造一切存在的「美」

的內容之地。如果沒有「心靈」，這些可貴的東西，往那裡放？至於我雖也說「上帝」與「天堂」，但說的時候，特別加上「如果眞的有」，並加上「括弧」，便是穿越「現代人」與「後現代人」大多對「上帝」與「天堂」採取質疑與否定態度之後，重新開拓的言談空間。在這空間裡，我先說「永恒」並非上帝的「私產」；接著又把「永恒」改寫爲「前進中的永恒」，便是說「永恒」是要人類不斷在下一秒鐘以智慧的創作心靈去追索、接近與感悟的。可見我說的「上帝」與「天堂」與「前進中的永恒」是人類以良知良能與智慧透過「詩」眼的洞見所儘可能在創作生命中保留的一個「無形」的存在價值世界。至少在我以「天空容納鳥」的開放的視野上，它應也是有理想的存在空間的。甚至當我們面對被後現代社會功利、空虛、孤絕、粗野、暴亂的追趕所呈示的泛價值觀與泛方向感等存在的亂象，走進禮拜堂看到滿屋子虔誠的教徒，全心投入信仰上帝的眞摯感人的情景，我們忽然會發現尼采說上帝已死，至少在這許多教徒的心裡，上帝對他們來說，是沒有死的，他們是否也有其存在的理由與權利，我不是教徒，我在說「上帝」與「天堂」時的想法，當然同他們也有別，但我容納他們的存在，因爲如果我們以強制的論見，說他們那樣指說的「上帝」與「天堂」不妥，那我們豈不也是思想上的「法西斯」嗎？尤其是站在「後現代」持多元性觀點，便更不可以了，何況他們誠摯信主的心，較其世紀末的目前世界所暴露的兇殺、無情、無義、無信的社會劣象，反而多少有好的正面作用。

至於我曾幽默說詩人與藝術家可拿到「上帝」的通行證與信用卡，那是因他們在創作的超越心境中，最了解自由，世界沒有框限，甚至能回到大自然的生命結構中，去重溫風與鳥的自由。而那也只是一句含有象徵性的詩的語言，並非將詩人與上帝等觀的扯在一起；同時在我說詩與藝術從現實中將一切昇越與轉化進入內心「美」的境界，把「美」當作一切存在的美的內容，那是基於我指說的「美」，不只是快樂與悅目好看的一切，存在著美；在詩與藝術的創作中，就是痛苦、寂寞、虛無、絕望、死亡與悲劇的人生，也潛藏有「美」感，像波特萊爾在詩中表現地獄陰暗的悽「美」之光，以及果爾克說「死亡是生命的成熟」；再就是在「美」的感動中，人的心態活動，是很自然的傾向於「眞」與「善」，甚至說已涵蓋「眞」與「善」，所以我在開始說的第一段詩語，是「『美』的心靈(不說眞、善、美的心靈)，如果死亡，太陽與皇冠也只好拿來紮花圈了。」

對於我愛說的「心靈」與「上帝」，以及「永恒」與「美」這件事，我上面的說明全是緣自我創作的心境說出我確實與坦誠的看法。

總之，在我整篇補充說明的文章中，除了有助於問題研討的擴展性，也使做爲被研討的我，有相互動的回應空間，以建立起批評者與被批評者相對話與交流的良好且融洽的論談世界。

【附註】

①② 兩篇論文，收入羅門「現代人的悲劇精神與現代詩人」論文集，藍星詩社一九六四年六月出版。

③④⑤ 三篇論文，收入羅門「長期受著審判的人」論文集，環宇出版社一九七四年二月出版。

⑥⑦ 兩篇論文，收入羅門「心靈訪問記」論文集，純文學出版社一九六九年十二月出版。

⑧ 這篇論文，收入羅門「時空的回聲」論文集中爲序，大德出版社一九八六年五月卅一日出版。

⑨⑩⑪⑫⑬ 五篇論文，收入羅門「詩眼看世界」論文集，師大書苑出版社一九八九年六月八日出版。

⑭ 這段所提的詩篇，均收入「羅門詩選」，洪範出版社一九八四年七月出版。

⑮ 這段所提的詩篇，分別收到洪範出版的「羅門詩選」與光復出版社七十七年五月出版的羅門「整個世界停止在起跑線上」詩集及尙書出版社一九九〇年五月出版羅門的「有一條永遠的路」詩集之中。

⑯ 這段所提的詩篇，分別收入「羅門詩選」、「整個世界停止在起跑線上」及文史哲出版社一九九三年十二月出版羅門的「誰能買下這條天地線」詩集之中。

⑰ 這段所提的詩篇分別收到「羅門詩選」與「誰能買下這條天地線」詩集之中。

IV

將批評視為「評論者」與「作品」在進行精神作愛，則：

● 「印象式批評」便是草草了事。

● 「解析式批評」便往往是過程週全，但缺乏精彩的臨門一腳。

● 「透視式批評」便往往是進入「要害」與「穿心」，使作品發出驚叫。

將批評視為判案，則：

● 「印象批評」便多採取不夠深入與慣常的一般性判決。

● 「解析批評」是依實據與法律條文，有很好的起訴基礎，但往往缺乏超越法律的洞見與最後判決的智慧。

● 「透視批評」往往是既顧及法律條文，又能超越，做出智慧與震撼人心的判決。

羅門

詩的追蹤

如果沒有詩與藝術，人類的內在世界，雖不致於瘂盲；也會失去最美的看見與聽見。

（羅門）

又快放暑假了。如果是在幾十年前的農業社會，大家放假都會從城鎮回到鄉下，在恬靜閒適舒暢的田園風光與大自然景象中渡過。此刻臺北市公寓樓頂的盆景，都要回到廣潤的綠野；那飛越臺北市空的人造鳥——飛機，都已飛成樹林間的鳥群；臺北市車水馬龍的街道，都也流動成鄉野潺潺的河水……生活的情景便顯然不同了。

此刻，你如果就像幾十年前放假回家，住在鄉下，而且靠近你家，正好又有一條江從窗前流過，你靜靜的躺在枕頭上，很愜意的看江水流動的樣子，聽江水流動的聲音。於是內心便湧起了一些莫名的情緒與美感，自然地要你去寫下一些什麼：

㈠你也許毫無考慮地寫下這樣的句子「我躺在高高的枕頭上，聽窗外江水流動的聲音。」

㈡你也許寫下像古詩人張說那樣的詩句「高枕聽江聲」。

㈢你也許寫下像大詩人杜甫那樣的詩句「高枕遠江聲」。

在這三種不同的寫法中，誰也想不到竟將詩的界線，劃分得那麼的清楚與明顯。

這些年來，爲推廣詩的影響力，我曾一連串被邀請在大專院校與文藝營去講詩，幾乎每次同學們發問，都問到這同樣的一個問題：『詩與散文有什麼不同；那樣的詩是不好的詩，那樣的詩才是好的詩。』

我總是不忘以上面的三種寫法，來做例證。我一直覺得，如果確實有詩這一特殊的文學形態，則在我經過三十多年從事詩創作的經驗與體識中，便對詩有了這樣的認定。

(1)語言必須是「詩」的；它必須精純，有言外之意，有韻味與音樂的節奏感。

(2)思想必須是「詩」的，應有詩的情思與意境。

(3)絕不同於其他文學類型──如散文、小說與報導文學等。

依此，則可看出：

上面的第一種寫法「我躺在高高的枕頭上，聽窗外江水流動的聲音」，顯然是散文，非詩。因爲它的語言冗長，不夠精純，沒有言外之意，缺乏韻味與音樂的節奏感；同時只是說明所做的一樣事情，沒有詩的意境，其他的文類也可做到。

上面的第二種寫法「高沈聽江聲」，確是詩，但並非好詩。因爲它的語言，雖精純，也有音樂的節奏感；但仍然像第一種的寫法，只是說明高枕聽窗外江水流動的聲音那件事，沒有言外之意，也一樣沒有詩的意境。

上面的第三種寫法「高枕遠江聲」，便不但是詩，而且是好詩。因爲它的語言不但精純，有言外之意，有音樂的節奏感，而且也有詩的境界。至於如何來看出它獨具有境界？若說因它是大詩人杜甫寫的，所以必有境界，那是缺乏說服力的。而事實上，是因詩中的動詞『遠』字，取代『聽』字，方產生境界的。當詩中用「聽」這個動詞時，語言仍是在散文說明性的兩度平面（或單面）空間裏活動；但當大詩人杜甫改用「遠」這個動詞時，語言便進入三度空間，以三個活動景面，架構起詩思活動的立體空間，而獲得詩的境界。

「遠」字產生的第一個活動景面，是江水流動遠近的感覺；「遠」字產生的第二個活動景面，是江水流動的遠近感覺，帶來周圍景物移動的變化狀態；「遠」字產生的第三個動景面，是微妙的流露出作者的心態——隨著江聲的遠去，往事該如何回首；遠方該如何化爲煙雲，進入「空茫」與「迷濛」，此刻何止是遠去的江聲，眞是處處都響起生命與歲月若即若離的回聲，令人產生無限的感懷與遠想。

大詩人杜甫一千年前，在詩中，已將上述的三個活動景面，架造起立體的詩境，使一切由外在有限的說明，移轉爲內在無限的感知。一千年後，西方藝術大師畢加索在藝術中，所推動的立體視覺空間觀念，使一切由平面進入多面性活動的立體視境，可說是在美學上的一種微妙的互應；也可見我國詩藝在創造上的卓越表現，怎能不重視！不重視，世界便回到平面與表面的說明中，交給散文與報導文學去處理，便夠了，何須寫詩。

詩的確是不同於散文與小說的，它是一種特殊類型的文學。因爲它的語言，具有超出語義，進入言外之意的多面性世界去活動的功能；也就是說它具有想像（與意象有關）的翅膀，能使語言自兩度的平面空間，升越進入三度、四度，乃至N度的立體與圓渾空間去工作，而把握一切事物活動更廣濶的內涵與幅度。

因此，我曾做過這樣的比喩：詩是長有想像翅膀的飛機；散文是在語言亮麗的高速公路上，奔馳的「跑天下」（旅行車），當讀者說某人的散文，寫得像詩，那便是因爲它語言在亮麗的高速公路上，帶著美麗的景物在奔馳，好像要飛起來，其實它的輪子，仍貼在兩度平面空間的地面上，沒有飛起來，故仍是汽車，並非飛機；仍是散文，並非詩。同樣的，當詩被視爲「飛機」時，如果語言的輪子，卻一直在兩度平面空間的地面上滾動，沒有飛起來，則事實上，仍屬於「汽車（散文）」的行爲形態。譬如陶淵明，他詩語言的輪子，在『採菊東籬下』的現實地面上滑動一下，便很快的拉起來，飛進「悠然見南山」的N度無限空間，去抓住「詩」。如果他一直停留在「你採菊花、我採菊花」的現實地面上打轉，那豈不也等於飛機一直在跑道上滑行，飛不起來，而變成「汽車」了嗎？的確，目前許多詩，都像是「汽車」，而不像「飛機」；都大多向「散文」世界逃奔自由。至於小說，則大多是將「現實事件」載得滿滿的十輪大卡車。它的輪子，重重的壓在「現實」的路面上，有時還要按時按地的闖入「大街小巷」，怎能像「飛機（詩）」飛起來？當然也不能像「跑天下（散文）」那樣瀟灑的直馳。即使海明威、卡繆與卡夫卡等人的小說，也與詩有關，但那只是整本小說的精神面，含有詩的象徵意味。而語言的形態與走向以及整個發展過程的呈現，都大多與詩乃至與散文有所不同。

當詩被看成「飛機」的形態。過去我有一段日子，曾學過飛行，雖一個人駕著飛機，坐在飛機裏，但當時不會想到自己是坐在「詩」裏。最近有一次我因到南部演講，趕時間，坐在別人開的飛機上，而且是飛在離地一萬多呎高的雲上，而雲上，只是那無限的「藍色」與純粹的「透明」，像是宇宙的藍色水晶大廈；在雲下，此刻，也好像只剩下煙囪、砲管與十字架；或者尚有一座座都市，在大藝術家的眼睛中，像「裝置藝術」中的玩具車，被時間與速度牽著跑。從機窗裏望出去，沒有山，沒有水，季節凍結在等溫的同溫層裏，那無限的藍色世界；那千變萬化的雲山雲海；那逼迫我「雙目」必須「跪」下來看的無比壯麗與奧秘的宇宙景觀，使我頓悟自己此刻坐在「飛機」裏，同時也是坐在想像之翅無限地自由展放的「詩」裏。在想到陶淵明無限地超脫的「南山」與王維將個人投入宇宙生命龐大架構中所建立「山色有無中」的渾然世界，誰不或多或少的嚮往！我也曾在「窗」詩中做過相有關的試探。在「窗」詩的開始「猛力一推／雙手如流／總是千山萬水／總是回不來的眼睛」，好像有與「南山」、「山色有無中」詩境掛勾的可能；但最後卻在詩中的「猛力一推／竟被反鎖在走不出去的透明裏」，被迫脫勾了。爲什麼推「窗」進入「無限的透明」，卻不能進入「南山」與「山色有無中」無限的悠然境界？「透明」反而是鎖住內心於孤寂狀態中的困境，這是否由於現代人從田園一元性的自然觀，進入都市二元性的自然觀，所形成古今詩人無法完全相雷同的精神境界；也許更是由於生存的實際情況所引起的。譬如在週末，成千成萬的人，肩膀碰肩膀在走，大家都匆忙得好像不認識，像在重疊的底片中翻找自己。如果眞的從「複雜」的狀態中，將自己找到且抽離回到「純我」的位置，反而感到「自我」孤懸的恐懼。除非人跳出都市文明緊張、不安、焦急孤獨、寂寞的生存面，離開「『擡頭望明月』，低頭發生車禍」的荒謬景況。可是高速發展的都市文明，已越來越像是一巨大的吸塵器，將人狠狠的吸住。於是在行動化、物質化與劇變性的實際生活空間裏，人如何「靜觀」與滿懷「空靈」的進入「南山」與「山色有無中」的境界？在「嚮往」與現代人生存不可奈何的「背離意識」中，我便也順乎自然且誠摯的走進了「猛力一推／竟被反鎖在走不出去的透明裏」這一精神的新的體驗世界，去站在不同的年代與時空位置上，創造與古代詩人同中有異的具緣發性與悟知的詩境。

這一緣自十五年前「窗」詩中所引起內心對存在的特殊覺知與感悟，直至此刻，我超離二元性的都市文明生存面，被飛機送返一元性的渾然的大自然中，仍無法完全清除與忘懷，仍無法像陶淵明與王維帶著同樣平靜的心情，走進「南山」與「山色有無中」那樣的境界。也許因爲他們當時只看到「白鳥悠悠下」，看不到把天空幾乎震破的人造鳥——飛機。有了飛機，生存的整個天空便不能由鳥獨飛；勢必由「鳥」與「飛機」在天空裏舉行一次史無前例的高空會議。

於是在開會時，鳥對飛機說：

你們西方人的太空船，飛得再高再遠，也無法飛進我們東方人的『南山』與『山色有無中』裏去。

飛機則對鳥說：

不錯，你們東方人的『南山』與『山色有無中』，都高都遠得只有「心」能夠進去。但是你們到歐洲旅行，要不要坐飛機？過舊年到超級市場辦年貨，是繼續用算盤，還是用雷腦呢？

這次會議，最後是決定由「鳥」與「飛機」同時接管整個生存的天空，讓「千山鳥飛絕」飛來的靈運空間，與「飛機」帶著儀器飛來的理運空間，相互併存；使「自然」與「人為的自然」，使「腦的理知」與「心的感知」，同時在詩的創作中開發新的能源與境域。

這情況，在我此刻被飛機帶到離地一萬多呎高的上空，進入幾乎忘我忘世的宇宙與大自然的渾然景觀中，心裏湧出下列的那些詩句，便似乎在無形中獲得了證實：

千山萬水
何處去
千飛萬翔
翼在那
……
在沒有終點站的渾沌裏
問時間　春夏秋冬都在睡
問空間　東南西北都不在
太空船能運回多少天空

多少渺茫

（摘錄「飛在雲上三萬呎高空」詩中的部份詩句）

在上述的詩行裏，我深深地體驗與發現到詩中所展現的美感經驗與心靈空間（境界），顯然是與古代詩人同中有異的。「同」是彼此均企圖由詩中進入人與自然相渾和存在的靈悟狀態；「異」是古代詩人進去，是從不受現代文明影響下的「第一自然（田園）」，直接進去的；而我身爲現代詩人是必須經由「第一自然」穿越由科技製作的「第二自然（都市）」過後，再轉進去的。這中間的心況與心境怎能完全相同！上面也已說過，古代詩人，站在兩度平面空間的「地面」上觀看一切，仍有山有水，有花有鳥，以及有春、夏、秋、冬的時間觀念。所以柳宗元的「獨釣寒江雪」，仍是從「江」與「雪」轉化與昇華進入靈悟中的荒寒之境的。陶淵明的「悠然見南山」仍是由「採菊東籬下」有「菊」有「東籬」的地面實景，升越起來的；王維的「山色有無中」也是由「江流天地外」有「江」有「地」的實境超越出去進入無限的悟境的。而我是被飛機送入超離地面的三萬多呎高空，在無山無水與等溫的空茫世界中，在古詩人所沒有的這種美感經驗與特殊的存在情境中，去企圖表現那具有「實際的立體空間感」、且有異於古詩人的靈悟的詩境。這也就是說，如果在「問時間／春夏秋冬都在睡／問空間／東南西北都不在……／太空船能運回多少天空／多少渺茫」等詩句，對宇宙萬物存在所產生的靈悟情境中，也呈露有「圓渾」感。則這「圓渾」感中的「圓」形，是有西方科學性的「立體空間架構」包容在其中的；而王維詩中的「山色有無中」與陶淵明詩中的「悠然見南山」，其詩境所呈現圓渾感中的圓形，只是在純然中「昇華」的圓，並沒有納入西方科學性的實際立體空間感；也沒有接受現代科技文明沖激的影跡。

這種相異性的提出，只是說明現代詩人站在不同於古詩人的年代與時空環境裏，也是在盡心盡力的去探索與建立一已新的創作意念與境域，並在與古詩人同中有異的情景下，向前推展具現代感與前衛性的創作力；以表現現代人新的美感經驗與心象活動的實況！

如古詩人寫的「黃河之水天上來」
現代詩人寫「咖啡把你沖入最寂寞的下午」
古詩人寫「好風似水明月如霜」
現代詩人寫「風是樹林的鏡子」
「落葉是風的椅子」
「水平線是宇宙的一根弦」
古詩人寫「月湧大江流」「江入大荒流」
現代詩人寫「你隨天空寬過去
帶遙遠入寧靜」
（摘「曠野」詩句）
古詩人寫「相思黃葉落」
現代詩人寫「一呼吸

花紅葉綠
天藍山青」
古代詩人寫「野渡無人舟自橫」
現代詩人寫「雲帶著海散步」
古詩人寫「行到水窮處
坐看雲起時」
現代詩人寫「海握著浪刀
一路雕過去
把水平線越雕越細」
古詩人寫「獨釣寒江雪」
現代詩人寫「他帶著自己的影子
向自己的鞋聲走去」
（摘錄「流浪人」詩句）
古代詩人寫「國破山河在
城春草木深」
現代詩人寫「那條線（廣九鐵路）
只要眼睛碰它一下

天空都要回家」

「鐵絲網是血管編的

編與拆 都要拉斷血管」

古代詩人寫「枯藤老樹昏鴉小橋流水人家

古道西風瘦馬夕陽西下

斷腸人在天涯」

現代詩人寫「一排腿排好一排河

一排乳房排好一排浪

夜便波動起來」

（摘錄「咖啡廳」詩句）

「裁紙刀般

刷的一聲

把夜裁成兩半」

（摘錄「迷妳裙」詩句）

古詩人寫「悠然見南山」「山色有無中」

現代詩人寫「猛力一推

竟被反鎖在走不出去的

透明裏」

（摘錄「窗」詩中句子）

看過上述古詩人站在「第一自然層面」與現代詩人站在「第一與第二相交合的自然層面」所寫的詩句，於相對照下，我們雖不敢說現代詩在未來繼續不斷的探索與創造中，有媲美（甚至超越）古詩的一天；但我至少相信現代詩人處在自己特殊的年代與環境中，是有其創作上新的思考世界，新的想像空間，新的美感經驗以及新的語言活動境域，去繼續表現與古詩同中有異的美學形態與新的精神內涵，同時也必有其相當卓越與可觀的一面，這是可預見的。

任誰都會表懷疑，如果說造物把寫好詩的腦子，只分配在古代；即使寫好古詩的詩人，確都在古代；但寫不同於古詩的好現代詩的詩人是否應在現代與未來？因爲事實上，古詩與現代詩的創作形態，也已有所不同；各有其自己的優點與特色，正像邱吉爾的圓禮帽與戴高樂的鴨舌帽，究竟誰好看？所以我們只能去看古詩與現代詩它們彼此在自己個別的特殊創作範圍與形態中，無論是語言的精純度、詩境的深廣度，結構的穩妥性，是否均達到本身最高的完美性與要求，甚至更表現出作品永恆的感覺與偉大的震撼力。如果從這方面來看，中國古詩本身所表現的輝煌成果，當然是目前的現代詩尚比不上的，尤其是那許多缺乏藝術表現、仍停留在平面說明、未經轉化的浮面現代詩，更是不能比的，準會將它們都比到非詩的散文裏去了。

縱然如此，我相信有深知與遠見的現代詩人，仍然會對現代詩滿懷信心；仍將現代詩視爲具有創造性的一門莊嚴的現代藝術，視爲表達現代人內在生命眞實活動最佳的線索，甚至視爲現代人最尖端且具偉大性的精神企業。只要現代詩人能堅持創作的智慧與良知，不被現實的功利社會擊敗，停筆不寫；能一直抱住敬業的精神甚至宗教的情懷，將全生命都獻給詩與藝術。則現代詩不斷的步入佳境，甚至登上另一座高峯，與古詩遙遙相望，是極有可能的。當然這尙有賴現代詩人能具有夠大的魄力，不逃避的接受西方文明的挑戰；能體認到越是敢於面對西方，便越能了解東方的偉大；同時以開放的廣濶的心靈，接納世界上所有美好的一切，使之溶化同歸到整體再現的位置。這也就是要求做爲一個眞正有不凡創作力的中國現代詩人乃至所有的文學作家與藝術家，都已不能採取「躲藏」、「保守」以及「封閉」的態度與方式，應勇於接受「眞正的詩人與藝術家是拿到上帝的通行證與信用卡的」這句話的告示，而認明做爲一個中國現代詩人，他首先必是中國人，同時他必須是現代的中國人，接著他也必須是活在全世界中的中國人，最後他們更必須是在內心中不斷超越，進入無所不在的永恆時空架構中的自我，這樣他方能眞正的體認到詩人與藝術家已的確是人類內在世界（除了「上帝」之外）的另一個「造物主」——他能將學問、智識、人生的種種體驗以及「古、今、中、外」乃至已出現過的藝術主張派別，均視做材料與媒體，在創作時，均把它們溶化推入永恆的一瞬間，然後將絕對的「我」，去整合與引發它們以新的生命形態出現，進入理想的美感軌道。

如果能有如此的認知，又能去做與最後能做到，則中國現代詩人乃至現代畫家就不必擔心自己會淪爲中國古代詩人的書僮，或古代畫家的跟班，甚至更不幸的淪爲西方人創作世界的代理商，毫無自我創造的獨特能力。而相反地，在中國詩發展史的橱窗裏，必展示有中國現代詩人一方面吸收中國古詩精華、一方面接受西方影響所創造的具有國際水準的中國現代詩，甚至在相比照下，也不遜色於古詩。

一九八八年

談「創作」與「批評」的基本論點

「創作」與「批評」我曾把它們看成是轉動文學與藝術向前發展的兩組互相牽引的齒輪，「批評」這項嚴肅性的工作依我的看法與意見：

「批評」，應是較創作更艱難甚至更具優勢的一項工作，我這樣說，是把批評當作原作品的再度創作看；也就是批評家往往較創作者看得更遠更精深。其實這只是一種理想，因爲大藝術是創作方法的，不是被方法創造的，所以當一些批評家把過去已有的方法來套大藝術家所創造的新方法時，總有點勉強與無法吻合之感。要批評工作仍做得盡可能的接近理想，我認爲應注意與澄清下列的一些問題：

一、批評的導向問題

(1)有人強調以「寫實主義」做爲批評的先決性。

(2)有人強調以「表現主義」做爲批評的先決性。

(3)有人強調以「超越主義」做爲批評的先決性。

(4)有人強調以「感情主義」做爲批評的先決性。

(5)有人強調以「結構主義」做爲批評的先決性。

(6)也有人強調「批評家必須就對象本身看清它究竟眞正是什麼……藝術批評，必然要接受第一手的知覺與感悟的性質的決定，在這種情形下，如果批評家的知覺遲鈍、感悟又弱，那麼再廣博的學問再正確的理論方法，也不濟於事。

從上列的六種導向中，如果只採取單向進行，則第六項似乎比較接近理想些。而我的看法是：當廿世紀的藝術思潮，因「達達」大大解放了創作者的自由意念；因「普普」全然打破了材料與方法的運用界限，使藝術家進入全然自由創作的境域。任何狹窄的單向性的強調，都將受到可見的限制與阻礙，於是我們只能機動地納入各單向性的功能，使多向性創作的卓越性，歸化到整體所發揮的功能中。如果是這樣，批評所面對的主要東西只有兩樣：就作品美的「生命內涵」與美的「結構形態」：

(1)作品的生命內涵：必須是生機勃勃的，具有深、廣度的與眞實的；絕非是「智識學問的塑膠」所塑造的，而且能連結住宇宙萬物生命的永恆的基型，引起內心永久的感動。

(2)作品的結構形態：必須是嚴謹、有序、穩妥與完整，而且具有新創性與獨特性的形態。

將(1)與(2)放在上述第六種導向所強調的「第一手知覺與感悟的批評觀感中，我相信它已含蓋了上述的五種批評導向的實質功能——如「表現主義」的內在傳達，同作品生命內涵的深廣度有關；如「寫實主義」，同作品生命內涵的眞實性有關；如「超越主義」同作品生命內涵企圖連結永恆存在的基型有關；如「感情主義」，同作品內涵產生內心永久性的感動有關；如「結構主義」同作品結構形態中的媒體組合能力、內聚性、秩序性、新穎性與獨特性有關。

二、批評的時空位置

(1)時間位置：一個批評家若站在古代與三十年代的時間位置，拿過去的語言形態與尺度，來評定七十年代他所不熟悉的詩的語言工作與活動的新環境，則絕對會產生差異。所以有些批評家，常把一些內行人看來並不怎麼樣的詩句，看成比李白與杜甫好；而把一些確實具有創意的好詩句，看不出好在那裡。這情形，也發生在繪畫方面。

(2)空間的位置：站在辭海裡看海的批評家，同一個站在海邊終日看海的批評家，必有不同的體認與看法。一個只在書本中了解文化的「地理環境」的批評家，同一個在動變的時空中從生活的實境中（也就是以眞實生命投入文化的地理環境）重新了解文化的批評家，絕對是有差距的；一個只躲在博物館看櫥窗裡「山水」的批評家，他沒有跑出來，看明天的太陽是如何把不同的「山水」建設人們新的視境，他如何能有眞見與眞知對此下批評？如果一個批評家不站在東西文化於現代沖激的大動面上，如何確實看見世界的新動向；如何看出趙無極與林壽宇兩位在國內外均被肯定的畫家，他們創作的位置（我相信我們極少數傑出的現代詩人，已進入近似趙與林的創作位置），是絕對的偏向「自我獨創性」又自然進入佔優勢與具世界性的「東方性」。

在以上⑴與⑵的闡述中，可看出批評的時空位置確是重要的。否則我們便無法去實踐上述第六種批評導向，看清創作者究竟在那裡表現的是什麼。事實上，創作者也一樣的敏感到時空位置的移動，是不斷的呈現出不同的創作成果。譬如站在七十年代看五十年代成名詩人的詩，已不像當時的那麼好，甚至有些已不好了。如此看來，批評家怎能站在原地不動，以固定的方法像提著「鳥籠」去把無限地變動的「天空」裝進來呢？而且批評家往往被視為是原作品再度的創作者；連原作品眞正在探索與展示的是什麼，都不太清楚，如何談有效與正確的批評？

三、人性的弱點問題

⑴偏私：是自己人，便大捧特捧；非自己人，便一筆帶過，甚至抑貶。像這樣，如何談準確的批評呢？

⑵恩怨：有交情則儘量把美好的評語奉送；有怨，則使他成為漏網之魚，不見天日。像這樣，批評如何能建立呢？

上述的這兩種弱點，不但是在講求功利的現代社會中，抓住人性不放；就是在古代的文人當中，也無法根除，連杜甫在當時的詩選，也很少選他。這的確大大影響嚴正的批評，是可見的。此外，加上一般人的惰性，看到大家都那樣說，一個跟著一個都那樣說，既省事，又比較不會出錯。結果，事實上，並非完全是那樣；當批評罩上一層鄉愿的霧，我們倒感到大畫家達利乾脆自己肯定自己，反而可愛了。

四、廣告作業佔優勢的問題

廣告作業，雖不直接影響批評的環境，但間接混淆了大多數讀者接收「批評信息」的準確性。由於現代社會，對「廣告」力量的瘋狂運用與信賴，加上傳播媒體的多樣性，尤其是出版社，都有自己的出版廣告專刊，大事宣傳；報紙更是有把一些「輕量級」作家，於短期裡變成「文豪」的神通力量。像這樣，嚴肅性的批評，既少又不夠嚴正時，「廣告型」的批評模式，便無形中突現與佔據了批評環境，爲廣大的讀者開「選看」之窗，看誰紅得發紫，又紫得發白。至於在孤寂與覺醒中，面對眞實自我的作家，便只有去「背海」了。

其實批評這件工作，也並不難，除著重作品在美學與媒體上，所呈現的「新創性」與「工作能」外，更重要的，便是看它精神與思想的深廣度。一個偉大不凡的作家，最先決的條件，便是因他確實擁有偉大不凡的精神與思想境界。否則，那都將是比比皆是的所謂流行的「名」作家，湊熱鬧罷了。

總之，批評是一項具有高度智慧與良知良能的工作，若不能澄清上述的四項問題，使之合理化與準確，則批評反而帶來不良的效果與負面現象。

最後我認爲一個卓越有深見的批評家，他不但要具有美學理念與高深的學問，而且他能將這些理念與學識進一步溶化爲「生命的思想」，活生生的進入被批評的藝術品中，去進行

「生命」眞實的融和的對話。一個缺乏「生命」深度與體認的批評家，是不會把批評工作做好的；因爲他像是體弱只背讀書本的拳擊手，照著書本出拳，往往是既無力，又打不中要害。的確「方法」是有框與刻板的；藝術是「活」的、變化的「生命」。

一九八三年十月

批評的荒謬

此篇文章在表面上看來，好像並不正面但在實際上確已對準我們目前詩壇所發生的重要問題。

一

屠格涅夫說「詩是上帝的語言」；而我們必須更進一步地指出詩與藝術是上帝（如果確有上帝）的眼睛，做爲一個詩人與藝術家在參與這項屬於內心的永恆的美的追索工作之過程中，若不能確知這些話最終的眞義，那勢必導致他在詩與藝術的世界中迷航；這對於一個從事詩與藝術的批評者來說，便更嚴重且危險得像在無光的夜裡進行手術。

二

過於相信智識方法，將詩與藝術當做機械成品來處理，這類批評者，由於他不具備作者內心眞實活動的空間，更不知道詩與藝術是開放一切存在內延性的無限世界，所以他的批評工作，往往是進行於充滿匠氣不夠靈活的低層次上，一深入，便方向都弄不清楚了。

圖以前人造好的固定的A形式，將無法預定的變動的B、C、D、E等諸多生命形態歸納進去，這種做法，不但冒險得有點愚拙，而且損害了詩與藝術的本性。華格納歌劇的自由形式，在當時持信固定形式的批評權威者的心目中，是不容存在的；可是它在詩人波特萊爾的內心世界中，卻誕生了一種迷人的樂音，華格納的歌劇不是也風靡起來了嗎？

由此可見以下的兩類批評者，都顯得不太理想。一是以限定的，去範圍無限的；一是信賴知識的藍圖，去挖那埋在作者內心中之「寶」，往往挖錯了一點地方，不但挖不出「寶」來，反而挖出「破銅」來了。所以有人認爲眞正的批評家，除了有知識的藍圖，更重要的，是必須同步的具有作者那種心感活動的實際空間，這樣，他不但有可參考追索的藍圖，而且他往往是「親眼」看見作者將「寶」埋在內心的那一塊地層裡。

三

一個偉大的批評家與一個偉大的作家，往往是同樣的具有偉大的內心世界的，他們都應該鍛鍊自己具有悲多芬那樣深入的內在的聽力；羅丹那樣深入的內在視力；里爾克那樣深入的內在的感知力。唯有如此，他才能對「創作」與「批評」具有眞知與深見，去面對確實具有精神內涵的作品。

四

⑴抓住傳統的母體不放，拒絕任何現代新的生命力進來，形成無孕性，創造的意義便隨著喪失。

⑵使傳統母體注進來現代新的生命力，引起受孕，產生新的生命。

⑶將眼前存在的世界，當作母體，使傳統與現代新的生命力進去，引起受孕，產生全新的生命。

這三種型態一直引起爭執與互相排斥，站在整體性的文化觀點上，⑵是較爲妥善與穩妥的；但站在詩與藝術特有的超越性的觀點上，情形確有點不同。⑴因交不出創造性，已失去談論的地位；又在上面既已確定詩與藝術是上帝的眼睛，那麼⑵與⑶創作出的作品，在上帝的眼中，均成爲生命之存在，其完美性，必由其本身呈現。至於⑵在先決條件中的優越性，並不必然在作品的完成上，超過⑶。這也就是詩與藝術賦給人類更多的創造的可能性，在不同等的條件與存在的實境中，均可創造出不凡與優越（甚至在不同的角度上偉大）的作品來。

五

詩與藝術永遠是爲「美」與「精神的深度」工作，詩人與藝術家，確有許多探索的可能與動向，可達成這兩項工作。當我們發現與採取了一種新的探向，確是值得驚喜，因爲「新」，在創作中所佔的份量，是相當可觀的。但我們必須有先見之明，新的變化，不一定是進化，更不一定是意味著悲多芬與陶淵明等人所創造的心境，在新的變化中，有下降的現象，因爲他們的作品已完成了上述兩項工作，已使其在不同的年代，獲得了超越性與不朽性，而進入人類永恆的看見。的確，單憑那抓不住生命根源與精神深度的流行性的變與耍巧，想推掉那些在「美」與「精神」深度中工作的優秀的心靈，那可能嗎？我們雖確信人類對已來臨與未來的一切，有著將之導入新的存在秩序與形態的智慧與創造力，應在這方面去發揮它。但更應該勇於承認一個事實，那就是我們的更變與目前所完成的，不一定在根本上，超過了前人所創造的。由於年代與時空環境，須要我們變成那樣，或者我們主動地要改變自已成爲那樣，但「那樣」，都不一定是經得起長久的考驗的，也不一定能進入那永恆的看見，這就得有所警覺。

六

「巧」、「趣」、「妙」與「神」等四境，凡是注重貌變而忽視心靈深度與精神境界的作品，大多是在前三境裡打轉，難於達到神境；而凡是達不到神境之作品，便很難獲得存在的超越與永恆性了。由於現代物質文明的劇變，大大地引起一切存在的更動性與變形，大多數作家也不自覺地被動於這個事實，而時刻在追求「變」，因此往往忽視了對內在視境作深入的探索，對存在予以整體與高一層的審視，以致作品巧而輕佻，妙而失去精神內涵的厚重感，這是任何一個向生命與事物深處探險的作家不會感到滿意的，因爲這類作家在注視世界時，是同時與海德格「內心的神秘」以及湯恩比「精神文明的昇力」，有所關聯的，其實詩與藝術便是透過美感，來創造這兩種深遠的力量的。

的確，一切偉大不凡的作品，都永遠是透過作者內心偉大不凡的感受與轉化力而呈現的，這一觀點，的確使我們的文藝批評眞正找到了重心，並排除了很多不必要的紛爭。我們要求的是作品本身所眞實交出的「美感力」與「精神的深度」，至於用那一種方法與形態，都並不是主要的問題，所以像周夢蝶的「孤峰頂上」，鄭愁予的「天窗」，蓉子的「一朵青蓮」，在流行的現代風中，仍具有那種永遠訴之於人類內心的美感力。

七

我們可以表現自然，可以表現都市、表現其他的一切，但主要的，是我們必須對它具有眞實的體認與感受。凡是未經表現而展列於我們之前之一切，無論它是古、今、中、外的，那都只是可用於創作世界中的題材，任何作家均可自由選擇，馴服與運用它們，並經過藝術心靈的轉化，而表現出新的作品生命。所以一個作家，面對著一隻驚動森林的鳥，或一隻使土地淌血的戰鬥機，都可分別創造出不同形態的佳作來。

我們的確很難勉強一個沒有那種體歷的年青作家去表現戰爭、流浪、大陸風光等感受，而不去表現他們在眞實生活處境中，內心所產生的誠摯的感受；同樣我們也不能限制任何一個作者，進入上帝眼睛所張開的遼廣世界中，去自由的感受與創作。問題是只在其作者的感受深入嗎？作者將感受的，轉化爲藝術作品時，其生命的美感力充份嗎？精神的深度夠嗎？

如果我們說年青一代在他們創作的新的探索的動向上，由於他們的體驗有限，不可能有驚人的表現；或者說中年輩的作家在新的不斷的變化中，已成爲過去，這在詩與藝術的世界裡，都是不確實的。因爲個人的才華，生命力以及對一切的觀察體認與感受，都足可修正這兩種不能構成絕對論斷的情況。

最保險的做法，是擴展對「所有可能成爲完美」的容納性，像對各種「菜館」，具有領受其不同趣味的味覺，並承認它們在不同形態與性質中的優點，一比較，則難免有妥也有不妥之處。因爲當我們說「現代詩」與「古典詩」誰好時，往往便像是說「四川菜」好還是「廣東菜」好呢？

八

「明朗化」、「大衆化」，乃至近似的「新的普羅意識」，一下子流行起來，使整個詩壇顯得很尷尬，好像誰要是再去表現個人的特殊經驗與深遠意境的東西，都有被推入「象牙塔」裡去的可能，這件事，因關係到整個人類未來精神文明的發展，當然較以上所談的顯得更爲嚴重，也需要更大的心智。

我一再強調詩與藝術是給於萬物與生命存在以最後的最完美形態與內涵的一種力量，如果有人將它的「用」性，只放在普羅文學所強調的現實的「用」，與放在「大衆化」的心靈活動的層次上，我必須說，他對詩與藝術以及人類內心活動的全面認識與企望，是不夠深入與徹底的，因爲：

⑴詩與藝術絕非對現實世界的複寫，如果是去複寫，事物與生命本身的存在，已完全說明它，詩與藝術不是顯得多餘了嗎？

⑵詩與藝術是轉化現實的情境，爲內在的含有形而上性的無限存在的情境，因而詩與藝術才表現出它的超越性的偉大的力量，而接近不朽的神性。

⑶誰會愚蠢到將悲多芬與陶淵明的絕非「大衆化」與「普羅意識」以及「非一般人所認爲的明朗化」的「詩境」與「樂境」消毀呢？消毀，豈不等於消毀了上帝的眼睛與人類優越無比的心靈嗎？

也許我們因陷在一個宿命性的冷酷的事實中，覺得無法使群衆接受屬於高精神活動層次的作品，而必須提出「明朗化」「大衆化」與普羅意識的要求，這多少是値得同情的，但我們仍須在同情之餘，認明這種論調有很多不妥與値得注意的地方：

⑴在人類的內心世界中，悲多芬與陶淵明等人既創造了精神上偉大與不可磨滅的東西，使其藝術生命永垂不朽。我們在提倡「大衆化」時，怎能排斥它呢？排斥它豈不等於是割斷了人類精神文明優越的昇力了嗎？這情形，等於是當大衆只有能力購買「啤酒」，我們便將「白蘭地」酒廠，全都關掉。

⑵同時站在「人」存在的水平基線上，誰說大多數窮苦的大衆，是命定的永遠無法享受高藝術水準的東西，而只能啃那些粗劣的實用性的東西？我反對這種退化與看來人道

而事實不人道的論調。我們應該盡力改變這種情況，我們深信他們也有那種自由與權力來接受好的藝術作品，來透過這種好的藝術，去提昇自我的精神與生命存在的內涵力。我們的詩人們當中，不是也有當過三等兵與做過苦力的嗎？他們為何能同樣的進入陶淵明與悲多芬的樂境與詩境呢？

(3)詩與藝術是為了探入一切存在的眞境純境與深境而將「美」喚醒，在過程中，它雖曾介入現實，也曾引導現實趨向佳境，但這絕不像一般人心目中所要求的現實上的實用性，若是那樣，則解決現實世界的問題，倒不如政治家與糧食充裕的土地，來得更實際有效了，可見詩與藝術是具有那種超越現實而引起內心對美做無限追索的力量，從這一認知的層次上，去提高大衆的欣賞力，較去提供缺乏精神深度的東西，不但能滿足詩與藝術高度的要求，而且也是盡力開發與提高人類精神文明的優美的潛力。

九

「鄉愿」與「偏見」阻礙人類智慧與心靈的活動與發展。尤其是在現代文明的危機中，大多數人太過於現實與沉不住氣。我們當中一有人提起悲多芬型的心靈，馬上就會有人摸不清心靈是什麼便說「詩又不是哲學，現代還談什麼悲多芬的心靈」，想想看，回答這種話，多麼危險，試問不具有深入的心靈，能創作嗎？創作什麼呢？當然說詩是哲學，便的確是誤解了詩；如果說詩與哲學世界無關，他必定不了解陶淵明的「采菊東籬下悠然見南山」與悲多芬的「第九交響樂」具有「神境」，究竟是什麼一回事了。

至於不了解思想中的純粹經驗之境界，如何能切實了解到詩與藝術的「直覺性」之本質呢？但是強調純粹經驗爲創作的根本，而又放棄對內心世界的注視，試問這種絕對的「抽離」與「冷卻」，像握住精神上的一粒「維他命C」，而再也找不出「果園」的豐美生命的樣子，會是詩人與藝術家唯一持信的創作傾向嗎？這當然不會是，因爲詩人與藝術永遠要掌握的，是一種屬於內心的「美」的連續顫動，而不是那幾乎與內心絕感且多少含有冷感性的「方法」。「方法」不確實的使用在悲多芬里爾克與陶淵明等人深入的心境中，再多樣再流行的方法，仍是不能使作品進入那偉大與永恆的探向的。

一個詩人與藝術家之死，便往往是內心力量的的萎縮與消失，而坐在那裡叫「禪」叫「變」叫各種「潮流」、各種「風行」……也不過等於是酒廠關了，手拿住一些酒瓶；發電廠關了，手裡握住一些電線。

十

一個眞正的詩人與藝術家，是必須從鄉愿與勢利中超越出來，露出一些「純質」來，方可蚍順利地進入永恆的美的追索中，去成爲那確實具有眞知與深見的創作者——這是一面鏡，永遠守望着作家們的形象。

十一

我們希望一切順著我們的構想；但事實上，別人也希望我們同意他們的做法。於是世界上，便產生了這種現象，好像要別人成爲我們自己那樣，是愚蠢的；要自己成爲別人那樣，也是愚蠢的，這的確難住我們了，如果這個世界上，有我們所堅持的絕對的東西，選擇的本身，便是一件痛苦與不安的事；如果這個世界，沒有絕對的東西，我們還在那裡幹什麼呢？批評便是在兩者或更多的事物中間指認出接近絕對的一樣來，因此，「批評」的本身便也可能產生了某些荒謬！

一九七四年

學者·教授·詩人談文學

讀完「大學」雜誌第八期發表成中英博士與顏元叔博士談「文學哲學與人生」的那篇文章，確實對兩位學者的學識及其在學術界的盛名深表敬佩。做爲一個具有生命內容的人，尤其是做爲一個具有心靈覺知性的詩人或藝術家，怎能不對這篇文章所探究的嚴肅問題感到關心？

首先，顏博士特別強調文學與道德的關係，相連引用「批評人生」、「引導人生」以強調英國批評家阿諾德說的「文學是生命的批評」等語，並且在最後更認定文學是用來載道的，文學家應該是一個聖人，任何文學反對這最大的前提，便是反文學……。對於顏博士的觀點，成博士幾乎是採取了相反的態度；他認爲「文學家絕不可以把文以載當作唯一的目的，把文學當作生命的批評，應該把它當做生命的透露，雖然他這樣做時，他已是（從哲學眼光看）對生命加以批評……。文學家不能規定自己的意義，也不能規定生命的意義，他只能透露生命……」。

關於兩位的觀點（也是文學界一直在糾纏不清的問題），如果我們是一位向人類心靈深處探險已有實際經驗的作家，且對問題能做整體性與深入性的透視，則我們殊難完全反對或完全贊同那一方面，至少我這樣說，是持有理由的。譬如顏博士強調「文以載道」，特別喜歡用「引導」與「批評」人生等字眼——這種圖使文學介入人生，進而批評與引導人生的偉大理想，確實是不凡的。我相信任何一個文學家，在創作過程中，絕不會反對這項現實的人生價值也在其作品中存在；但若將這項價值當做創作的全部目標，那便無形中是在縮減文學活動的範圍，縱使那「價值」也被視爲是文學相當重要的部份。這情形，正像我們說只有旅客房間方能盤據旅館與代表旅館意義是不夠健全的，其實一個內行與懂得享受的觀光客，住到一個大旅館裡去，他除了滿意房間裡的那張床（縱使床確是主要的）外，房間外的一切諸如輝煌的大廳、餐廳、酒吧、露台、遊園以及燈光色調與各種陳設等所交映成那豪華與舒適的氣氛與情調，我想也能使他獲更多的享受與滿足的。我舉這個例，不外是在說，文學除了具有批評人生的功能外，尙有超越「批評人生」這一層次的其他活動的能力；這也就是說，文學家在透過藝術去表現人生的實況與眞境時，雖可在作品裡埋著批判與引導人生的意圖，但有時他也可在未界入道德性的人生之前，於純然的直感中，就已把握與表現出那個有如神與上帝眼中最初所看到的完美世界；這就是說他有時只表現出事物在時空裡存在的微妙關係及其活動時的種種優美的姿式形態與聲響，而與現實的道德人生沒有必然的關聯。譬如當我們看到狂風吹動森林的景象，便聯想出「森林是風的鏡子」的詩句來，它只是表現出作者對事物在微妙中活動所產生的一種覺悟，一種對事物的純粹存在的透視，使一個驚喜得不可說明的「美」的完整世界，於與藝術人生無關的情況下誕生。顯然它是躍離了道德層次的一種自給自足的「存在」，使詩人（文學家）也因此獲得了更多創作的空間。我這樣說便是指出文學家在人類內在所開放的那個循著邏輯與理性常常無法進入的「交感世界」，確也爲人類提供了一個豐富深遠且不可範圍的更迷人的精神活動的領域。因此，文學家尤其是詩人便也成爲那將「人」與「世界」在美與眞實中完全開放的傑出人物，在這完全開放的「人」與「世界」裡，我們確信文學家在完成藝術道德（指創作表現的眞實性與完整性）的過程中，雖不反對顏博士所關心的「人生道德」介入，但也不宜將「藝術道德」壓縮到「人生道德」的軌道上去，因爲那樣，會使文學成爲被「道德」控制的現象。這也正如我們雖同意科學家可利用物理與數學方程式來企圖達到某種實用性的要求與發明（如製造原子彈與人造衛星等），但我們必須承認除此之外，科學家尙可從純粹的求知上，不斷探入那往往是預想不到的更遼闊與神秘的科學境域——如物理學家與數學家所探索的純粹的科學世界；的確，詩人與藝術家在創作時除面向現實人生的價值世界外，也同樣擁有那個屬於人類心感活動的純粹世界——我這裡所指的「純粹」並非將一切都抽離，而是指內在精神的活動已進入那不可指稱的渾然之境。

至於成博士認爲「文學絕不可以把文載以道當作唯一的目的」，這與我上面闡述過的觀點雖很接近，但他接著強調「文學家絕不可把文學當作生命的批評……文學家不能規定自己的意義，也不能規定生命的意義，只能透露生命……」，這些話幾乎是站在「哲學」的絕對勢力上，不承認文學家對人生與世界具有批評的主權；這也顯然在說：凡是發生在人類精神與思想裡邊的任何事件，文學家只能任檢察官，而最高法院的審判長，應是哲學家，這是我所不能完全同意的。我雖承認哲學家在思想上具有極高的批評力與論斷力，但我仍認爲文學家除了是人類內在世界的一位忠實的檢察人，他往往也是一個優秀的審判者，他雖不像哲學家直接指控你犯罪，但他有法子讓你自己在內心中承認與說出自己犯罪。事實上，文學家除了忠實地「透露」與表現一切存在與活動的實況，他尚可透過藝術方法（異於哲思方法）表示自己的態度與觀感——這就已構成「批判」的情況。大凡一個對生命充滿熱愛的文學家，往往總是在作品中，帶著這種濃烈的批評色彩，這種批評色彩往往較哲學上的更爲鮮活、生動與有懾服力，更容易使心靈感應與就範。

同時，在人類「精神、思想、情感與性靈」活動的這塊公地上，哲學家他實在不好意思指文學家在文學中批評人生爲越界行爲，如果他具有那種雅量，我想他反而會承認「詩人很可能已是一個哲思者，而哲學家不一定是一個詩人」這句佳話。本來文學家（尤其是詩人）與哲學家，都同樣對人生與世界具有深入的觀察力透視力與感悟力，當然他們也能從不同的角度上，去批評人生與世界。文學家與藝術家是透過藝術來表現它，哲學家則是以理性與邏輯來說明它。在此情形下，文學家往往採取較說明性更有效的感知性，引導人類精神與心靈進入另一良好的活動方向，不但在創作時，可透露生命發現生命與批判生命，而且更給生命帶來眞實的意義與價值；同時在哲學性的力量往往不能監視與控制心靈活動的交感世界裡，更提供了一門是哲學家無法說得清楚的學問——像梵樂希與里爾克的詩給人類內在以那種不可抗拒的神秘的襲擊力，使我們不需經過邏輯與概念的「冰庫」世界，便直接地擁抱那熱烈的生命而感知存在，說得更切實些，便是文學家尤其是詩人在美感中，開發了人類「感官」與「心靈」活動的兩個輝煌的世界，的確給生命帶來無限繁美的內容，因而也自然地使文學家具有了自己存在的意義與價值，同時也賦給一切以可能性的意義與價值。譬如：

「陽光響起七弦琴……鳥聲滴落如雨」等詩句，便是開發創造人類感官活動世界的輝煌面。

「太陽無論從那一邊來，總有一邊臉流在光中，一邊臉凍成冰河」等詩句，便是開拓與創造人類心靈活動世界的輝煌面。

由此看來，文學家尤其是詩人確實有那種能力不露聲色地但更真切地站在生命的裡邊，批評著生命。誠然，在人類內在世界裡，哲學家只是文學家的芳鄰，文學家有其自己活動的自主範圍，也能向人類生存提供出獨特的意見與傑出的貢獻，所以，我在以往的論文裡曾如此寫著：「哲學家是點燃人類思想的火把的，詩人與藝術家是將人類思想的純然的光輝，帶到人的天國去同上帝的天堂爭光的。」

其次顏博士認為「文學是哲學的戲劇化」這觀點曾在作家咖啡室一次座談會上，與詩人們討論過，我因事未參加那次座談。我覺得這句話似乎過於概念化了些。顏博士之所以肯定地說這句話，顯然是與他強調文學家必須批評人生、必須有準確的人生觀與道德觀相連貫的；他認為一個文學家應是一個聖人，同時他又認為主題是「主人」，技巧是「僕人」……，這些都不外在說文學是用藝術形式與技巧來表現一個現實人生絕對有關的主題——「思想」，當然是「哲學」的；至於藝術表現則是含有戲劇的表演性的，所以顏博士將文學的內容當作哲學思想，將藝術表現當作戲劇性，而概說成「文學是哲學的戲劇化」這句話。但我覺得，文學尤其是詩所擁有的內涵世界，往往並不只容納下「哲學思想」，還有哲學思想所不能佔據的一面。縱使哲學思想在一篇偉大的作品中，具有相當重要的地位，這在第一項問題中我已說過；同時「戲劇化」所產生的戲劇性，也不能概括了藝術上的種種表現，諸如意象、象徵、超現實等技巧所產生的種種效果。不過從另一個角度上看，顏博士說出這句話，仍是具有一番「深思」與「用心」的，至少話中強調文學的思想性，我是同意並強調的，尤其是在人的生存價値極端地被追認的這一個年代裡，生命內在所發生的一切，對於一個文學家思想上的衝擊、影響與負擔確實是重大且深遠的，誰能躲開這一眞實精神的活動面，而成爲一個具有「深入性」的偉大的作家？所以我雖強調一個詩人，在直感中所觸及的第一義世界裡，應不受觀念理念干擾之前，迅速把握住詩與藝術的誕生與成長，以維護其純粹性與超越性；但同時我也特別要提醒作者，這「直感」，並非一個架空世界，它必須也依靠顏博士所強調「思想性」熔化進去而不斷支持它且強大它的原本潛力，才能使作者在創作時，放射出那具有壯闊感與不朽性的生命與事物來。由此同時可以看出一個偉大的詩人往往已是一個偉大的思想者，他們所不同的，只在一是站在那有著悲多芬尼采等人的心靈所支援的「直感世界」中表現生命，一是站在「理性的邏輯世界」上說明生命。所以我認爲一個企圖達到偉大性的作家，單憑在美學上玩弄技巧，（無論那技巧是龐德式、梵樂希式、高克多式或普洛東式的）而缺乏那種在心靈擁抱一切狂熱與魄力，以及摸不著生命向內進發的壯闊與深遠的探向，那是絕對不可能的；所以我最後更確信凡是能把握「文學的純粹性與超越性」同時又能抓住「內在思想的深入性」的作家，他便是站穩在我一直強調的那句話上：「文學與藝術永遠是爲『美』與『精神的深度』工作的」，也就是站在創作較優越與準確的方向上。

最後談到文學的「主題」，顏博士認爲必須有主題，成博士則反對有主題，關於這問題，我仍是不能完全贊同與反對那一邊，因爲這不是採取兩等分方法能解決的問題。我認爲必須先將「主題」兩字的基本含義，給予一個比較完妥的解釋後，方能確定文學究竟需不需要有主題，以及在什麼時機與從那一個角度上提出主題，才不致傷害到文學生命的本身。如果只把「主題」當爲作品裡一個預排性的思想活動的終結來看，像這樣的要求「主題」，雖可由作者採用生命種種的實際經驗（透過藝術表現）去配合且完成其預排性的思想活動的效果而產生，但因它是使文學活動受限於預定安排的思想，極容易妨害到文學活動的富足的超越性與自由性，所以像這樣的在作品中勉強要求主題性，雖屬可能，但不太妙，有時反會傷害文學的藝術生命。同時，強調主題性，對於現代小說是否完全適合，已成問題，對詩便更不用說了，因爲詩往往是一完整性的心感活動，若去向它超越的渾然的「詩境」，要求主題性，頗像向一座城市要求建築物。我這樣說，並非完全不同意顏博士而贊同成博士的說法，事實上我是在細心地探求「主題」是否在作品中，有其必然存在的可能性，以及它在那種時機與情境下存在才可靠，才能產生好的效果？關於此，我必須先聲明，成博士如果在反對「主題」時沒有包含與採納我在下面的看法，那我也難能完全同意他的觀點。我覺得文學在最後確實有壓向人類心靈深處的那股強烈的壓力，使人類順服；這壓力，當然是由作者的情感、思想與精神的活動所形成的，具有其特殊活動的趨勢與傾向，也就是說在它的前面，必有一個是它企圖撲住且要求承受住它的「對象」在，這「對象」顯然是作者集中精神意欲觸及與達成的，它也就是作品發展到最後，對於人類內在世界所產生的「特殊」效果，這效果便已無形中構成一篇作品的「主題」具體形貌的可能性。於是我覺得在作品成長與發展的終結，去指出作品「主題」存在的可能性，較爲妥當。因爲這樣，無論你是強調預先有主題，或居於強調主題會妨害到文學而反對主題，都不致於反對我對「主題」所採取的這種看法。如果反對，試問文學乃至藝術在人類心靈中所引起的種種心感活動，將如何認知與做何種解釋呢？至少你不會否認那些埋在人類生命裡邊的不能說明的「痛苦、歡樂、絕望、愛與恨、和諧與衝突以及生存死亡等種種感受，正是任何作家採取各種角度使心靈去撲向的種種「對象」，這「對象」不就是一篇作品在最後所可能凝成的主題性（精神與思想活動的重心與俯向之處）？當然這種主題性（尤其是在詩中）往往只是能感知的，不像一篇缺乏藝術表現的論文之主題，是限定於一定的範圍之內。

其實，不但顏博士強調「主題」是與他對文學的基本觀點有關（他認爲文學應批評與引導人生，應先有準確的思想內容——也就是應有主題）；就是成博士反對「文學強調主題性」，也是與他一己的文學觀點相一致的，他認爲文學家不能規定自己的意義，人生的意義，只能透露，當然事先就不必要有一個確定的思想（主題），去限制文學創作的自由活動與表現了。然而成博士仍又承認地說「文學在透露生命中雖含有批判性……」這句話，試問這批判的可能性與它後來的對象是什麼？這不又使我們在完全反對主題性時感到欠妥嗎？其實成博士承認文學在透露過程中所含有的批判性，便正是在創作中逐漸成爲我所認爲的「主題」的可能性，當然這種主題的可能性，是沿着作者精神在無形中的批判的傾向與趨勢，而在作品中不斷成長、變化與展現，到最後才自然地產生與浮現的，而非事先能明白地預定的。順此，我們可確定文學與藝術家創作時，都已無形中具有一共通性與廣汎性的「主題」——這主題便是爲人類的「心靈」與「精神」在美中開拓一個「可能性」與「無限性」的活動世界。這處所謂「可能性」的世界，便是「理知」往往不能，而「感知」則可能觸及與進入的「心靈交感世界」；這處所謂「無限性」的世界，便是心靈進入「交感世界」所面臨的那種不能說明與說盡的精神佳境——它往往也就是文學家與藝術家所把握住的另一個更迷人的方向，更有效地作用乃至引導著人類心靈的活動。所以我曾做過這樣的譬如：「在使人類內在生命的活動，進入完美的方向，哲學家給出的軌道，是有如那可指認的鐵路公路與馬路，文學家與藝家所給出的軌道，是有如那不可指認的更爲多彩多姿的鳥的軌道，風的軌道與雲的軌道」，單用這個譬如，我想已足可使成與顏兩位博士對問題討論的意見趨於接近。顯然從上面那個「譬如」所說的，已充份地暗示出文學與藝術較哲學對於心靈的活動，具有更佳的超越性、自由性與溶和的作用性。它工作的結果可能對道德人生，對哲學思想產生良好的效果與作用，甚至成爲道德人生與哲學思想的試金石。但它工作的範圍絕不止於「道德人生」與「哲學思想」，它更不能視爲是被「哲學思想」與「道德人生」雇來工作的。這看法顯然較顏博士強調文學應以「文以載道」爲目的之觀點貼切與有彈性些，較成博士認爲文學不能批判生命只能透露生命的觀點，似乎妥當些。事實上，文學有時確在那較哲學的理性說明還要動人的感知世界裡，無形地默默地批判與引導著生命（上面那個譬如便是如此暗示著）。同時又因文學既含有批判與引導生命的可能性在，則這種「可能性」在作品中發展，便也自然地使主題性（作者特殊精神活動的重心與傾向的對象）在可能中產生與浮現。當然這種最後在作品中自然地形成的「主題性」，與顏博士在觀念中所預先策劃的「主題」不太相同；當然它也不會在成博士於反對文學預定的主題性時，一同被反對掉。若反對掉，不但是文學在人類心靈中所引起的那種種特殊與各色各樣的心感活動，我們無法辨認（上面已說過），就連感知它們也不能了，這樣，豈不等於是說文學創作沒有重心與對象嗎？

一九七一年

V

進入生命與事物的深處，將「美」的一切喚醒，它已成為詩人與藝術家存在的決策。

一切都要過去，只有「美」永遠存在；如果「美」死了，太陽與皇冠也只好紮成殯儀館門前的花圈了！

在詩與藝術的超越與昇華的世界裡，悲劇與痛苦乃至虛無，都是「美」的；人不可能一直笑或哭到墳墓。

內在世界的燈柱

——我的詩話

在向生命深處探險的途徑上，我相信任何人的心靈都曾擊亮過一些東西，而下面，便是我在那途徑上所亮起的一排燈柱，它照著人的內在世界，同時也照入我的詩境：

● 生命啊！無論是「古裝」與「迷你裙」，都不能阻擋「妳」裸著走向我；在全然開放的時空裡，只要「妳」隨帶著那顆始終跳動著的心靈，至於「妳」是踩著古老的山水或是踩著柏油馬路或是踩著蒙露的乳房或是踩著彈片與花瓣上走過來的，那都不是我應該去過於苛求的了。

● 生命它並不等於神父站著你搖籃與墳墓邊所說的那些讚美與祝福的話；它的全部實況，均留在那條裝在你內心中專爲你工作一輩子的錄音帶與軟片上，當你離開這個世界，那是上帝既無法也無權更改的。

● 人存在的最大的悲劇，是當他死了，花圈、銅像、紀念館與天堂所安慰的是我們；而他是再也記不起太陽究竟是從那一個方向昇起來了。

- 人存在的主要急務，便是在靈魂沉寂的深海，將孤獨的自我打撈。
- 世界上最可悲的人，是沒有能力保持住眞實純摯的自我生命，而將之不斷解體變爲現實功利社會框架裡存在的材料。
- 世界上最愚蠢的人，是想別人像他一樣，或想自己像別人一樣，因爲魚不能在天空游，鳥不能在水裡飛。
- 主啊！人活下去，除了成爲墳地的佳賓，有些時候好像什麼都是，什麼都不是。
- 人與理想相處，有時常說謊話，人與神在一起，有時常說夢話，可是人回到自己那裡去，人便較任何東西都寂寞。
- 「台階」是最美的造型，往上可步步高昇，上不去，它便爲你保留下來的空間；上面高處不勝寒；下面庸庸碌碌。
- 在現代，人可以不生活在形而上的玄境中；但人可不能不生活在他自己所面臨的生活中。
- 所謂「永恆」，已並非上帝的私產，也不是用來贈給「死亡」的冠冕；它只是那些靠你心靈最近且不斷在記憶中發出迴聲與使你永遠忘不了的事。
- 所謂眞實感，它便是那些深入你心靈復又被你心靈緊緊抓住不放的東西。
- 離開人的一切，不是尚未誕生，便是已經死亡。
- 生命最大的迴聲，是碰上死亡才響的。

● 生命啊！於存在的第一層次裡，我知道人活著，終於要被時空消滅掉；於存在的第二層次裡，我知道人活著，被時空消滅掉過後，仍可設想從紀念館、百科全書、銅像與天堂裡復活過來；於存在的第三層次裡，我發覺他死後，紀念館、百科全書、銅像與天堂安慰的是我們。

● 人圖逃避痛苦，只有兩條路：一是使肉體全部死透，一是殺死自覺精神，只讓肉體活著，造成假性死亡，因爲人即使是在睡眠中，也會在夢中遇上痛苦。

● 哈囉！替我把那個白晝亮著名片，夜裡呼呼大睡的傢伙叫住，告訴他完全偏航了，而且離開「人」的海岸線已越來越遠。

● 如果有一天，人被判逐回原始的獸區，那時，汽車、洋房、名片與銀行戶頭都無法替我們上訴；唯一能助我們獲勝的辯護律師，只有那個終日坐在我們靈魂深處裡默想的『人』。

● 人一方面被物質文明推著去做計算機上的『人』：一方面又渴望重返大自然的結構中，去重溫風與鳥的自由，於是「現代」成爲一面哈哈鏡，人走樣了。

● 我們當中的大多數人，已日漸成爲追逐物質文明與吞吃機械成品的人獸，而且在受傷中嘶喊。

● 都市！你造起來的，快要高過上帝的天國了。

● 神看得見，都市！你一直往「她」那裡去。如果說戰場抱住炸彈；都市！你便抱住「她」——肉彈。

● 更深一層的「現代感」，不是一架起重機將一座摩天樓奇蹟般舉到半空裡去；而是人類銳敏的心靈在這一秒鐘對下一秒鐘的誕生，懷著焦慮的等待與守望。

● 如果我們知道下一秒鐘是這一秒鐘的重複，則人類已失去對下一秒鐘活下去的理由，因爲時間在我們的生命中，已成爲一停滯的死海。

● 所謂政治，自古以來，大多是彼此對偷對搶彼此口袋裡的名片與支票本，有時打太極拳有時動刀動槍。

● 戰爭已是構成人類生存困境中，較重大的一個困境，因爲它處在「血」與「偉大」的對視中，它的副產品是冷漠且恐怖的「死亡」。

● 在戰爭中，人類往往必須以一隻手去握住「勝利」、「光榮」、「偉大」與「神聖」；以另一隻手去握住滿掌的血，這確是使上帝既無法編導，也不忍心去看的一幕悲劇。戰爭來時，在炸彈爆炸的半徑裡，管你是穿軍服、便服、學生裝、童裝、吐乳裝、紅衣、黑衣聖袍，都必須同樣的成爲炸彈發怒的對象，可是戰爭過後，俘虜卻又不忍心殺。

● 所謂悲劇性，它往往是生命的另一種更爲莊嚴與積極的存在，正像在痛苦中掙扎的產婦，是爲嬰兒的誕生，同樣是感人與偉大的；所以當海明威、卡繆、卡夫卡等作家將空漠的世界推入我們的心靈時，那種沉痛的感覺，反而使我們擁抱到一個更爲充實與飽和的生命。

● 在我看來，悲觀主義者喝的是一杯苦酒，樂觀主義者喝的是一杯甜酒，韃韃主義者喝的是一杯烈酒；而帶著悲劇精神的詩人與藝術家往往喝的是埋在心靈深處的高級白蘭地，上帝聞到也會醉。

- 悲劇是插在人類心口，逼著人說出眞話的一把尖刀。
- 只有存在於悲劇中，才能了解偉大與永恆的眞義。
- 我從事於詩與藝術，都不只是因它能給予一切事物存在與活動以最佳的形式，而更主要的，是因爲人尤其是我自己也必須在那形式裡。
- 說我寫詩，倒不如說我是用詩來證實一種近乎神性的存在；詩與藝術已構成心靈同一切在交通時的最佳路線，並將「完美的世界」與「心靈」之間的距離拿掉。
- 詩與藝術幫助我們進入一切的核心，並抓住它們的焦點。
- 詩與藝術不外是表現生命或事物在時空中存在的微妙關係及其活動時那種幽美的姿式、形態與聲音。
- 將詩與藝術從人類的生命裡放逐出去，那便等於將花朵殺害，然後來尋找春天的含義。
- 詩與藝術已日漸成爲我的宗教、成爲我向內外世界透視的明確之鏡、成爲我存在於世，專一且狂熱地追求與創造的一門屬於心靈的神秘的學問。
- 我仍一直在心中追求著那樣東西，那是因爲它在這裡在那裡在過去現在與未來都是美好的，而它便是藝術與詩。
- 學問的種類很多，而我選擇的是哲學家也無法在心靈中將它說得清楚的那門學問，而它便是詩與藝術。

● 引導人類心靈活動進入完美的方向，哲學家所給出的軌道，有如那可指認的有形的鐵道、公路與馬路；詩人與藝術家所給出的軌道，有如那難於指明的無形軌道：風的軌道、雲的軌道，鳥的軌道，它更爲多彩多姿且具超越性。

● 如果神與上帝眞的有一天請長假或退休了，那麼在人類可感知的心靈之天堂裡，除了詩人與藝術家，誰適宜來看管這塊美麗可愛的地方呢？

● 當一個人的心靈發生了意外，如果神與上帝不在，他唯一可信賴的只有兩個人。一個是哲學家——看來像是一個能幹動作較粗的男護士；一個是詩人（或藝術家）——看來像是一位親切可愛且溫柔的女護士。

● 當人類被時空追捕，只有兩個地方可躲，要嗎躲在教堂裡，要嗎躲在「酒瓶」裡。

● 人類圖在生命的深海將眞實的自我找到，只有兩把釣桿，釣線較短的一把，握在哲學家的手中，釣線較長的一把，執在詩人與藝術家的手裡。

● 當人類心靈的活動，一進入交感的世界，紅燈便打向哲學家，綠燈指向詩人與藝術家，所以我說，在人類心靈深處，詩人與藝術家確較哲學家多走了一段路。

● 詩人與藝術家可說是在觀念、理念、經驗等所造起的那座龐大且堅固的「精神建築物」上開窗，使無限的風景，進入心靈遼闊的美的展望。

● 這個世界因有詩人、藝術家、神父與哲學家的存在，『人』便不再是一封閉的體積，而是一透明的建築。

● 詩人與藝術家，他不是躲在傳統的八寶盒裡啃精裝書封殼的；他必須將「自我」不斷送入「時鐘」的磨坊裡去。

● 做爲一個開發人類內在世界的創作者，他除了感知背後的拉力，他更必須抓住前面的引力；我們對著太陽的光猛奔，讓史評家去收集背後的影子。

● 美的心靈如果死亡，太陽與皇冠也只好拿來紮花圈了。詩與藝術在我看來，它已成爲一切完美事物的鏡子，並成爲那絕對與高超的力量，幫助我們回到純粹生命的領地。

● 深入生命與事物的底層世界，將美的一切喚醒，它已成爲詩人與藝術家主要的作業。一個詩人使用的文字，一個畫家使用的色彩與形象，一個音樂家使用的聲音，如果不能進入生命與事物的深處工作，則他實在無法去做著像杜甫、李白、里爾克、悲多芬與畢加索的那種夢了。

● 一個藝術家將他的生命交給藝術，正像那投出去的物體交給地心吸力一樣，沒有例外。

● 一個藝術家終日忙著在現實的那張名片上，加上一些什麼？而忘了換車回到純淨的內心世界，他的藝術生命，便是已患上「癌」，在社會安撫性的笑容中，不知不覺地步向死亡。

● 「孤寂」與「苦悶」已被認爲是詩人與藝術家心靈的永久且忠實的朋友；它們確是一直毫無條件地去幫助一個作家，步入偉大與不凡的遠景。

● 做爲一個詩人與藝術家，有某些率直的自負與狂，在藝術世界裡，並非什麼過錯；也許在現實社會上，是一種弱點；可是做爲一個詩人或藝術家，如果勢利、鄉愿、圓滑、無義、是非不分，他或許在現實社會上，可撈到一些好處；但在藝術世界裡，他犯上的過失，則往往重大到可使詩神判他「無期徒刑」乃至「死刑」。

● 在辭海中去尋找海的遼闊與深沉的含義，遠不如坐在岩石上觀海。

● 在詩與藝術的世界裡，沒有才華，等於是大胖子跑百米。

● 我寫詩是因爲：

㈠詩能以最快的速度與最短的距離，進入生命與一切存在的眞位與核心，而接近完美與永恆。

㈡做官與作生意的，只能告訴我們在陶淵明的「東籬」下，如何採到更多的「菊花」，而無法帶我們走進陶淵明的「南山」，詩能夠。

●「美」是一切，也是構成上帝生命實質的東西。

●「詩」是內在生命的核心，是神之目，上帝的筆名。

● 詩與藝術是傳達我乃至全人類內在生命活動最佳的線索。

● 詩與藝術能幫助人類將「科學」與「現實世界」所證實的非全面性的眞理，於超越的精神作業中，臻至生命存在的全面性的「眞理」。

● 詩與藝術創造人類內心的美感空間，是建天堂最好的地段。

● 詩與藝術在無限超越的N空間裡追蹤「美」，可拿到「上帝」的通行證與信用卡。

● 詩與藝術能將人類與一切提昇到「美」的顚峰世界。

●詩與藝術是人類精神的原子能。

●太空船可把我們的產房、臥房、廚房、賬房與焚屍爐搬到月球去，而人類內在最華美的世界，仍須要詩與藝術來搬運。

●世界上最美的人群社會與國家，最後仍是由詩與藝術而非由機器造的。

●沒有詩與藝術，人類的內在世界，雖不致於瘂盲，也會丟掉最美的看見與聽見。

●詩與藝術幫助我們超越「第一自然(田園)」與「第二自然的(都市)」兩大現實生存空間，進而去建立內心無限地轉化與昇華的「第三自然」空間，使我們不但能看見陶淵明悠然的「南山」與王維的「山色有無中」的境界，也能看見「現代主義」與「後現代主義」……等種種主義如何將暫時性的「主義」，在其中溶解且繼續向前昇越與演化進入「螺旋型」的存在與變化的生命架構；而發現在詩與藝術所展開的內心「第三自然」空間裡，「現代」兩字的時間觀念，已是「一前進中的永恆時刻」，而非被「高速」工業文明切割下連接不起來的時間碎片。

●「後現代情況」指控人已存在於沒有「深度」沒有「崇高點」與「對歷史遺忘」的狀況下，這我只承認它是目前存在的一個事實而並非永久的眞理。我無法相信只有「低高度」的山腳與山腰、而沒有「崇高點」的山頂的山；我也無法相信只有隨著天氣的變化東飄西蕩的浪面、而沒有「深坑」海底的海，因此我的理想，仍然是繼續在詩中探索與建立一個具有「美」的「深度」與不斷向「頂端」爬昇的創作世界，這個世界對我而言，具有「現實」

與「永恆」雙重的實在性，並永遠存在於「人」與「萬物生命」的永恆架構中。

● 「後現代情況」是現代人生存空間被「速度」、「物質化」「行動化」全部佔領，發出的呼救訊號。

● 詩是打開內在世界金庫的一把鑰匙，上帝住的地方也用得上。

● 如果詩死了，美的焦點，時空的核心，生命的座標到那裡去找？

● 如果世界上確有上帝的存在，則你要到祂那裡去，除了順胸前劃十字架的路上走；最好是從悲多芬的聽道，米開蘭基羅的視道，以及杜甫、李白與莎士比亞的心道走去，這樣上帝會更高興，因爲你一路替祂帶來實在好聽好看的風景。

● 詩與藝術不但是人類內在生命最華美的人行道，就是神與上帝禮拜天來看我們，也是從讚美詩與聖樂裡走來的。

● 人生出來，死亡的左右手——「時間」與「空間」便一直從搖籃綁架我們到墳地。

● 在時空的紡織機上，人一方面爲生命紡織永恆；一方面又爲死亡紡織花圈與虛無。

● 一切都要過去，只有眞理與好的作品不會過去。

時空的回聲

「生命啊！無論你是穿著古裝或迷你裙；是踩著柏油馬路或踩著山水，是踩著修女的『眼睛』或踩著蒙露的『乳房』走過來，只要你的脈博與心臟，仍在跳動，便都一同走進我內心的X光透視室」，這是我十多年前說的話，直至現在，我仍在爲這段話工作，而且堅信凡是離開「人」的一切，它不是尚未誕生，便是已經死亡。

在這項透視工作中，我一直是使用詩的靈敏的鏡頭。在鏡頭中，我清楚地看到有人從一杯「甜酒」中，打撈著快活的自己；有人從一杯「苦酒」中，打撈著痛苦的自己；有人從一杯滲有麻醉劑的「烈酒」中，打撈著失落的自己；有人從一杯「醇純的白蘭地」中，打撈著沉醉於悲劇中的自己。也許有人覺得這些「酒」喝得都沒有意思，便只好同王維與老莊坐上雲去飲山色，或者到廟裡去啃禪；到教堂裡去嚼聖餐了。反正從搖籃到墳地的路上，每個人饑渴的「嘴」，都會去靠近形形色色的「飲料」，然後以不同的神情與醉意一個個靜靜的躺下來……。

的確，人活著不能不去想，於是人一面往前走，便一面在想；究竟後腳會是歷史博物館的支柱嗎？前腳又是伸往前面的那一條路呢？而時間是鐘錶的雙腿永遠也走不完的路，空間又是水平線攔不住的。於是日出日落，地綠地的，天藍天的；戰爭一直是用人命來製作的；天堂一直是用骨灰來修建的；嬰兒車與求護車對著方向開；雙目張望，餐具與床一直是最顯明的景物，飄浮在生命的海上；雙目閉上，叫聲阿門，太陽究竟從那裏昇起來，也搞不清楚了。於是迫著我們從心底喊出：「生命最大的回聲，是碰上死亡才響的」。人活著，是怎麼樣的形象，便有怎麼樣的投影；是怎麼樣的呼喚，便發出怎麼樣的迴聲；是怎麼樣的走法，便到達怎麼樣的地方；是河便在地上流，是雲便在天上飄，是山便坐下來不動，鳥籠與天空既然不同，鳥飛翔的姿態與世界也不會同。只有不斷的探索與超越，才能走出那條「水平線」，去看清楚什麼是無限，什麼是有限。

當人類從歷史博物館看到「過去」，又從科學館看到「未來」之後，便會發覺自己處在「過去」與「未來」之間，重要得像通往永恆的一座橋。可是當人一被推入都市文明動亂的生活環境與生存焦急的情勢中，緊緊抱住生之慾望，抓住原本性的「我」，而過去與未來，便都擠進那個最短速的時間單位裏，形成另一種瞬息間的「永恆」，使「天堂」近得像可用手去摸的「水晶大廈」，使熱鬧與充份享樂的時刻，在燃燒中，開放出精神世界中一些最美麗的「空寂」，去點綴人類集居的每一座繁華的城市。

於是在越來越物化的現代都市文明生活環境中，每個人順著一己的處境與感受，對自我生命的打撈工作，是更形加緊與重要了。我也不例外地透過詩與藝術，去對「人」追蹤與探索，並借用詩與藝術的力量，去把埋藏在「人」裏邊的奧秘與所發生的一切眞況透現出來，最後都轉移入詩與藝術所展開的美感世界，予以轉化與昇華，望能在時空中與那些永恆的感覺有所關連。

至於時空有沒有回聲，就要看人類生命發出的聲音夠不夠強大與深遠了。

一九八〇年

悲劇性的牆

唯有在悲劇感中，才能了解偉大與永恆的眞義。

（羅門）

你曾見過只有一邊翅膀而飛的鳥嗎？你曾見過只有門裡沒有門外的門嗎？當然世界上，更不會有單面的「牆」——這是存在的一個基本的結構，人也一再被納入這個結構中。生與死，快樂與痛苦，愛與恨、希望與絕望、悲觀與樂觀、實有與虛無、永恆與短暫……便正是構成這「牆」的兩面。其實這一抽象的「牆」，我指喻的就是「人」。由於「人」，都不可能生出來，便一直從搖籃旁邊哭或笑到墳地那裡去，所以「人」便註定是那道具有兩面性的「牆」。

數千年來，人類用盡心血，想對付這道悲劇性的「牆」，企圖從其相對立的兩個存在面，找出絕對優勢的一面，去壓倒另一面，可是都白費心機了。因爲世界上那裡有單面的「牆」，我們仍能想見它那被壓住的那一面，除非它被擊碎了（人類全死了）。這就是「牆」存在的定態與宿命的悲劇性，它必須背負起存在的兩面，「人」也一樣。

將「人」喻爲那道悲劇性的「牆」，人在「人」的裡邊走，便等於在「牆」的裡邊走。而人無論靠牆裡的那一邊走，走來走去，走了幾千年，仍是走不出那道悲劇性的「牆」。在這條無限長遠的悲劇性的「牆」裡，我們可聽見人類仍走著某些近似甚至相同的步響——它便是我們常聽見有人說某人的思想很像古代某人的思想；某人是樂觀的，某人是悲觀的，某人是虛無論者，某人是持永恆觀的，其實這些含宿命性的名詞，古代均已出現過，未來也會再出現。

的確，人類在這一近乎定態與宿命性的存在的結構裡——在那面悲劇性的「牆」裡，將兩種相對的存在力，調度過來，調度過去，頗像小孩將那堆固定的積木排疊成各種大同小異的模型。這正是說明了人在內心空間（「牆」）裡追索，是永遠無法完全背棄上述那些宿命不變的東西（如生死、悲歡、苦樂、有無、永恆與短暫……）以及無法背離這些東西活動的可能範圍，因爲它們是構成人類生命基本實質與活動形態的東西。正像「魚與水與岸」的存在結構。魚不能沒有水，魚游到岸，只有回首，路線雖不一定完全重複，但游回那已遊過之地，是可能的，這現象，用來解說有人認爲，目前西方的存在思想與中國古代老莊思想有很多相近似之處，是頗爲恰當的。因而我們可斷定，在那道悲劇性的「牆」裡，人類的生命在根本上很難有全新的東西（除非人全死了）。所謂新的，那往往只是「已有過」的之增進（或以不同形態之再現）。這種增進，往往是來自時空因素，以及不凡的思想者在思考方法與語言形態上所造成的結果。

基於這種體認，我也在這面悲劇性的「牆」裡，用心靈去感應其中那許多宿命性的存在力量之衝擊。一方面從人類生命活動的現場去做深入的觀察，一方面打開詩的靈視世界，去引導與轉化那存在的一切進入美感的奧境，以便擊出存在的某些感人與眞實的迴響來。這種逃避不了的「介入」，不但關係到我內心的活動，而且也很自然地影響我在創作上，對於「詩境」之建立，我雖強調詩與藝術的純粹性，但我無法強調一個詩人與藝術家的創作生命，能純粹到不含有他的思想與精神，我更無法強調一個詩人與藝術家他能純粹到不是「人」。既是「人」，他便絕不能離開這面悲劇性的「牆」，無論他是以任何一種生存形態活著。所以我的創作，無論是「詩」的、是「論文性」的，大多迫現在這道悲劇性的「牆」裡，而且大多呈示出如此特殊的顏色與聲音：

存在永遠是一種悲劇——當我們認爲這世界沒有絕對的東西，那我們仍在尋找什麼呢？當我們認爲這個世界有絕對的東西，選擇的本身，便永遠是痛苦的；也許有人認爲我們可超越在兩者之上，像滿腦子是禪的光頭和尙，那樣步入潔淨的空靈之境；可是世界上那會有較神境更潔淨與空靈的地方呢？姑且是那樣，則只留下神與上帝在這個世界上便夠了，何須造出那麼多皮色不同心色不同的人來呢？何須發明那麼多阻攪人類進入空靈之境的物慾文明與現實的勢利社會呢？何須創作出那許多宿命性的名詞（諸如苦、樂、悲、歡、空虛、孤寂、希望、絕望……）去指出「人」非活在那道悲劇性的「牆」裡不可呢？的確這些問題，人類問得夠多夠久且夠累了，有時問也問得不夠完全，答也答不出結果來，而且問來問去，那些話，仍是問不出去那道悲劇性的「牆」的範圍。於是迫著我喊出：將生命推入那永恆的美的追索中，像獵人在搜索與追擊的過程中，獲得存在的滿足，何須去計較狩獵的結果呢？何須去將神父站在搖籃邊與墳邊唸的那些祝詞與讚詞，看得那麼認眞呢？當我們想起那面「牆」；想起「魚與水與岸」的宿命性的存在世界時，除了游，不斷的游，還有什麼能成爲「魚」的本體呢？寫到此，我默思的心靈以及放在書桌上的那枝筆，仍守望著那條一再在晨光與遠方裡波動著的「天地線」，仍一直繼續著那種不能不繼續下去的宿命性的追索。面對著這道怎樣也走不出去的悲劇性的「牆」，即使太陽走出了天空，歲月走出了鐘面，而人仍永遠走在這道悲劇性的「牆」裡。

一九七二年

長期受著審判的人

「他」已日漸成爲人類必須以心靈來注視的那個人

當他被上帝從產房的第一聲哭聲中，投到這個地球上來，他緊緊抓住母親的乳房，世界也像乳般流動著。他的雙目，是四月裡不爲什麼而純朗與透明著的藍空，他那雙無故地揮動的小手，像撥弄著湖水的雙槳與鳥翅，他發出的聲音也無法詮釋得如鳥語……他的世界沒有阻力，光潔似一面鏡。

直至他推開吸乳瓶與洋娃娃，世界的樣子，仍是順著他高興想成什麼樣子，便成什麼樣子。騎上木馬，誰也沒有看見過像他看見過的那種曠野；當鞦韆昇起的那一刻，整個世界也跟著他昇了起來，他是摘星的少年；在鐵環滾動的聲響裡，他的生命也隨著那輕快的節奏滾動著……他邊走邊跳而且吹著口哨，但他不認識時間，也不知道什麼叫做空間。他的世界沒有阻力，光潔似一面鏡，他是那面鏡裡唯一的影像。

直至他背上書包，將臉埋在燈光與課題中，他的生命，仍然像奔流般瀉過那面光潔的岩石。就這樣，他穿越時空的那部小跑車，在沒有紅綠燈的單向快車道上，是不裝刹車的。像光奔在它自己的透明裡，像火焰順著風向燃燒，沒有阻力。直至別人將一張名片給他，他也將一張名片給對方，這種異樣的感覺，使他意識到了所謂社會這樣東西。突然間，他發覺那隻木馬死在最綠最綠的曠野上；那架鞦韆，再也昇不起那塊最藍最藍的天空。於是，他開始感到一個人肉體以外的阻力；開始將完整的自我，分割入「社會」那無限空曠的背景上，像畫家戴利在畫布上，將一切生命分割入冷漠的時空。他逐漸消失在衆多的他之間，在一面鏡上，他看到的，不再是他一個人的面孔，而是許多幌動的面孔，他的面孔在衆多的面孔之間，旋轉成他自己也來不及追認的那種種流浪式的面孔。於是他常常迫著在重疊的底片上，去指認出一個人或一件東西的原來形貌；迫著去躲藏自己，迫著在談話中，尋找迎合性乃至虛僞的語言，不由自主地，他將傳達他生命形態的那些名貴的東西，諸如動作、表情、笑容、聲音等，全都抑制入那種無論是他高興或不高興的適應性之中，形成一種美麗的缺乏內容的和諧。這種必須的抑制，對於走動在他心靈深處的純然與完整的自我，確是一種沉重的負荷與阻力。由於他日漸體認到一個人的生命，只是眞實心靈活動的一種時間紀錄，如果在這一秒鐘裡，他勉強或迫著自己去做自己所不高興做的事，對於這一秒鐘時間單位裡的生命來說，便等於是空白或者說是死亡的。所以，從複雜的社會環境之阻撓中，找回且堅持住那原來的不被扭曲的眞實的自我之形象，是他必然地對人存在所發生的一種覺醒，這種覺醒，使他內在隨著時間急速的步聲，感到格外的焦灼。他必須在生命的日落時刻之前，盡量抓住那剩餘的越來越減少的歲月，依從自己的意願，去充份地生活；依從自己的意願，去向世界呈現出一己生命的光輝；依從自己的意願去瞭望他未來中的世界。

隨著這種生之強烈的渴求，他除了日漸感到複雜的社會環境，對他眞實的自我生命，所難免產生的阻力之外，詩人佛洛斯特晚年顫抖的生命，像一根弦被死神撥弄著，使他感到時間強大的阻力；海明威在小說中，將一個老人送到暴風浪的汪洋大海上去拼命與掙扎，使他感到空間強大的阻力；而幾千年來，被全人類遙望著的那條無法超越的天地線，更是一道永遠推不倒的牆。

在這層層的阻力中，他嘶喊著完整的自我，試圖將生命拼力推向絕對的自我之峰頂，渴望著一種超昇，一種飄逸，或希望甚至睡與醒成生命最初的樣子，或像童時那樣閉著眼睛猛跑，根本不認識「平交道」「紅綠燈」與「剎車」等這些東西……可是他一想起自己生活在越來越社會化以及標準化的情形下，這種奢望，連想的時間都不多了。在擁擠的人堆與飛轉的齒輪間，生命內在世界的想像之鳥，怎樣也飛不起來了，在迴旋的旋轉門之間，電梯急速的昇降之間，靈魂常不同他站在一起，他的自我也不帶臉。就這樣，生存的那雙巨手，便將他狠狠地推入機械社會的結構之中，秩序之中，制度化之中，成爲另一種生命的機件，於是他將自己的大部份生命也交給那一再重覆的機械環境——重覆的動作，重覆的步調，重覆的生命之色彩，單調得如灰白色的病房——就這樣躺著一個是西方作家筆下所共同指認的那個空心的「人」。急救他，以白蘭地，以夜總會誘人的夜色，以避孕藥，以都市鬧區各種廣告牌上所展覽的現代文明……於是在回歸心靈深處的「眞我」與人之根源的途徑中，他便感到那種幾乎令人窒息的阻力。

一種掙脫的衝動，在他生命的裡邊，像一條醒來的河流，急急要奔回它自己原來的地方；回到那面明潔的鏡裡，回到他自己的形象與聲音之中。於是有一次，當他企圖在許多的臉中，將自己的那張臉昇到只有他自己那張臉的地方，他注視著那座從千萬座建築物中昇起來的建築物，然後他爬上它的頂樓，望著這座同天國競爭著的城，望著朦朧的天地線，望著禮拜堂的尖頂，望著只有墳碑能成爲其標誌的荒漠的曠野，他在尋找一個可靠的起點與終點，尋找一條回到人眞實的生命那裡去的路……此刻，他看到一群一群蓬頭亂髮的人，朝著格林威治村的方向走，他便想著，他們就是奔回自己的生命原始起點的那條河嗎？是強調不被設渡口也不被航行的只留給自己任意去流的那條河嗎？或者他們是企圖從人爲的一切複雜的文明中躍出，而將生命全裸在絕對的單純與原本之中，並交還給大自然偉大的結構，再去溫習風與鳥的那種自由；或者他們是眞的要使生命流成那條明淨的清流，像「流過」莊子眼睛中的那條清流，或者他們根本什麼都不是，他們流行著的蓬頭亂髮，只是飄浮在那條「清流」表面上的泡沫……。正當他被這些思潮推入那深沉的幻覺中，突然間整座城停電了，在夜裡，周圍暗得像地獄，他懸在半空裡，電梯動也不動，他像站在孤寂的絕崖上，感到無際的自由之恐懼，他此刻多麼渴望自己的那張臉能降落到衆多的臉之間，去獲得到一種關聯，於是他又被迫去想起，如果修電器與管理電器的人，都蓬頭亂髮的蹓到格林威治村去成爲他們全然自由的自己，這座城的心臟是怎樣也跳動不起來了，在此刻，整個人類文明的世界豈不成爲一停滯的死海？於是他又不可奈何了起來，發覺人的裡邊，雖有一種很大的力量，在慫恿著「

人」從現代冷酷的計算機上以及一切人爲的複雜性中，逃回純粹的自我世界那裡去；但又有另一種更大的力量將他逮捕回來，使他面臨難局，也面臨另一莊嚴的人生。因此，他必須無可奈何地將生命製成一種悲劇性——將醒覺中的自己，毫無猶疑地向時空與現實的層層阻力中繼續推進，縱使這種不斷的探進與深入是不快的，但他是怎麼也不能轉回到生命原始的起點，或者轉回到心靈一點負荷也沒有的童時了，因爲當他一想轉回去，除了遙望與回想只是一片空茫，可是向前走，他的臉在衆多的臉中，怎樣也維持不住他一直想著的那個樣子。於是，他始終堅持與執著的心靈，所遭遇與感知到的痛苦與困難，便也正是促進人類的存在獲致充實與成熟之最佳力量，他也可能因此成爲那在生命深處塑造而自時空中浮昇起來的一座屬於「人」的浮彫了。

一九七二年

人類存在的四大困境

它是四面堅固的牆，也是永遠望著人類的四面鏡子

一個X光透視師，他的工作，是誠摯地將眞象照出來，至於治療，與採取對策，那是屬於人類智慧面臨的第二步工作。

首先，容我提出一個要求，那就是當我打開內在的X光透視時，凡是繞在眞實生命外表的一切遮飾物——諸如美麗的幻想、假想乃至理想等這些屬於彩色屏風式的東西，都需拿掉，只讓那眞實的本體裸在純淨的時空與上帝的眼睛中，並對準我的鏡頭。此刻，我的確在移動的鏡頭裡，清楚地看到人類的精神，一直活動在下面的四大困境中：

第一個大困境：「愛慾引起的困境」

在人類情感展開的美麗的扇面上，每一個人一開始，都帶著美的夢想理想與希望，爲找到一個屬於「愛」的專一的方向，並將生命專一地對著這個方向投過去，希望擊中那「愛」的具體的核心——它就是我們所謂的夢中的愛人。當你已抓住她，她也甘願被你抓住，那的

確像是船抓到了溫馨的港口。你便也因此向她奉獻出你最美麗的讚詞，在衆人面前與莊重的儀式中，說出你誠心的誓言。同時那情感的搜索的扇面，便也像船帆那樣，收攏成一個美麗的定點，頗像圓心般睡在一個滿足的圓裡。這就是我們大家所謂的結婚與歸宿啦！當兩顆心合攏在那已合攏的情感的扇面裡，像兩扇門鎖在美妙的開關中，那種驚喜，新奇與甜蜜，以及那些帶著蜜月笑聲上昇的情意，都確是使歡樂的生命歲月進入那歡悅的鳥道。於是飛著，飛著，飛入誰都躲不開的那種冷酷的現實中來了。那是婚後多年，一切都成了定態與重複的慣性；成爲理所當然的生活秩序，甚至成爲一種美麗的機械活動形式，成爲一種失去神秘的實用生活程序，迫使當初那種充滿了吸力、新奇、風趣與甜蜜的生活情景，日漸失去往昔的光彩。

此刻，任何人都只能將自己或多或少地抑制入那種屬於回憶性與責任感的心態之中，對於外界的一切誘惑性，採取宿命性的態度以及種種逃避的理由。這種尷尬的現象，便是使一般人從經驗中一再體認與宣揚的那句老話：「結婚是愛情的墳墓」。當周圍那強大的誘惑力，以超出我們想像的那種引力，企圖引開另一個新的情感扇面時，這種引力往往以不可阻擋的情勢，在不設防的某些時機中，沖激著人性中的好奇與慾望，使我們感到困惑呈現出弱點。我們如果說它無動於衷，除非我們是聖人（聖人在世界上太少了），不然便是白癡與假道學了。可是當我們從「屏風」後走出來，坦然地承認人類在本性中，永遠對一己所未擁有的那些美的一切，表示動心時，那便也是承認，在我上面所說的那個已關閉的情感的扇面之外，尙有另一個較之更迷人的穎新的扇面存在，等待著去打開。此刻，當我們想將它打開又不能，不打開它，又只是一種借助其他理由所造成的抑制，抑制的結果，難免造成內心的遺憾感。就因爲在圖打開它時，有一種不宜打開它的阻力在；不打開它，又有一種拼命喊著打開它的推力在，於是便自然地形成爲內在的矛盾與衝突了，因而也帶來了困境，大多數人在欺騙自己，西方人雖比較能面對眞實，但也因其導致情慾的氾濫，而使內在性靈的活動失去平衡，甚至使內心生活陷進另一種不安與動亂之中，這也顯得不妥；至於極少人，以修養或事業感來轉移它成爲不足擾亂心緒的「低調」，那也只是一種美麗的退卻。然而不管採取那一種對策，這個來自眞實人性中的含有某些悲劇性的困境，仍是難於自人類生存的內在世界中解除。除非我們是能夠否定肉慾情慾，而成爲那只握住純靈上昇的神父；或者是冰凍在博物館陳列室中的維納斯石膏像；或者是完全失卻感應力的白癡，否則只要我們是由血肉與心靈混合而成的具有身體的人，這個困境便也永遠或深或淺地將我們困住。

第二個困境：「回歸純我所引起的困境」

當一個人在成長的過程中，日漸感到現實社會與都市的機械生活環境，不斷將他的「自我」扭曲與變形，甚至將他的靈魂與精神染色，他便突然醒覺到，自己已陷入凹光鏡型的世界中，失去原來的眞義，認不出自己，人只是一個被環境塑造成的帶有適應性的活動形體，而非連住大自然生命根源的一個有機的實體。這種不可奈何的生存情況，常迫使一個人，不斷地將傳達自己眞實生命的那些高貴的東西——諸如語言、動作，表情與笑容等等，全都抑制入那種無論是他高興或不高興的社會適當性之中，形成一種往往只有其表的虛飾的存在。這顯然是對其純然的自我生命的一種損害。由於一個人活著，他的生命只是某一些時間的總和，如果在這一秒鐘的時間單位裡，他勉強自己去做自己所不願做的一切，則這一秒鐘時間單位的生命，對他來說便等於是空白的，甚至是死的。於是，一個人活著，在生命的日落之前，在不妨害他人的情形下，去渡過自己高興渡過的生活，該也是一種多麼高潔且被讚美的生之構想與權利。於是當他渴求像河流那樣回歸到自己生命的起點，重新流成那條自己高興怎樣流便怎麼樣流的河，並像風與鳥那樣歸回大自然偉大的結構之中，去渡過單純眞摯與自由的生活，我們對於這種純我的追索，實在從人類生存的自然觀乃至從造物主那裡，都實在找不到充份的理由來責難與岐視它的。可是我們事實上又不能說它是全對與完善的。我們雖然發覺人的眞我，被分割入現實社會之中，有時確是一種痛苦與越想越荒謬的事，可是當他想脫出，而另一種共同生存的力量，又將他逮捕回去。因爲人尤其是長期被文化力量感染過的人，他的生命，在根本上已不可能生活在與人不發生關聯的情形下。雖然人一走入現實社會的複雜性與虛僞性中，人便感到自我被抑制與扭曲的不快，極力想逃回他的「純我」那裡去，但人一逃回他的「純我」那裡，獲得了完全自由，他反又感到孤立，感到與人失去關聯的憂慮與恐懼。這種矛盾的情形正像一個受盡現實社會所折磨的成年人，感到生命被愚弄的荒謬，總想再回到快活的童年時代那裡去，可是這在事實上是不可能的，因爲當他一轉回去，

「母親」便站在那裡說：「你已經長大了」！當然往前走，其自我日漸接受現實世界的複雜性之分割也日深，往往直至那「自我」的純貌，被傷害成無感的疤痕才終止。就這樣，一個圖回歸純我而受阻，所引起的困境，便也隨著歲月，尤其是隨著現代機械標準化的社會環境而不斷地形成了，而將人困進去！

註：我在「逃」那首詩中，便是表現了對「自我」的追索。

第三個困境：「戰爭引起的困境」

戰爭是人類生命與文化數千年來所面對的一個含有偉大悲劇性的主題。在戰爭中，人類往往必須以一隻手去握住「偉大」與「神聖」，以另一隻手去握住滿掌的血，這確是使上帝既無法編導也不忍心去看的一幕悲劇。可是爲了自由、眞理、正義與生存，人類又往往不能不去勇敢的接受戰爭。當戰爭來時，在炸彈爆炸的半徑裡，管你是穿軍服的也好，穿神父聖袍的也好，穿孔雀行童裝的也好，都必須同樣的成爲炸彈發怒的對象；可是戰爭過後，當我們抓住敵人的俘虜，我們卻又不忍心殺他；當我們看到那許多多在戰爭中失去父母的孤兒，那許多多被戰爭弄成殘廢而仍活著的人，我們確是有所感動與同情的，可見人類在心靈深處，是具有上帝施給的仁慈博愛與人道的心腸的。可是人類往往爲了生存，又不能不將槍口去校對敵人的胸口，同時也讓敵人的槍口來校對自己的，這種難於避免的互殺的悲劇，的確是使上帝也不知道該用那一種眼神來注視了。透過人類高度的智慧與深入的良知，我們確實感知到戰爭已是構成人類生存困境中，較重大的一個困境，因為它處在「血」與「偉大」的對視中，它的副產品是冷漠且恐怖的「死亡」。

註：我在「麥堅利堡」那首詩中，便是表現了這一強烈的悲劇性的感受。

第四個困境：「死亡所引起的困境」

當一個曾美麗過輝煌過甚至偉大過而且對天堂也相信過的生命，投進了「花圈」，投進了火光吶喊中的焚屍爐過後，那一群一群從殯儀館內出來的追悼者，每個人的面孔，都的確較深秋陰暗的天空還要陰暗了，如此愁慘的氣氛，的確使禮拜堂的天窗，在這刻怎樣也探視不出天國美麗的景色。一想起那位躺在病床上，只能用吸管輸送飲食，去支撐住那像整座山般將崩下來的危險的生命，此刻，名利財富榮位，這些被人類以全力猛追住不放的獵物，用不著去問那個倒在床上起不來的他，那究竟是什麼，我們只由他對那一切均已無心無力接受的神情，也有所體悟了。這一生存情景，永遠覆蓋著人類的過去，現在與未來，像天空永遠覆蓋著大地，它的確不是神父站在墳邊說一兩句慰勉的話，或由哲學家式的人物說什麼『他已有所表現與完成了』，便能澈底將人類生存的疑難解決的。我們雖也深知那一切撫摸與讚美，確能構成某些生存的力量，正像一個人通過黑暗恐怖的森林，以「唱歌」或邊走邊叫「那有什麼可怕」來壯膽一樣，但那只是我們「恐懼」所採取的美麗的轉移與推辭。一個人能安於這種轉移性與推辭，他也可獲得生存的某些寧靜與安然之感了。可是人類醒覺的心靈，常去迫近且揭開那冷酷的事實，做深一層的追索。於是又引起那種具有偉大性的不安來了，使海明威寫出他偉大的巨著「老人與海」，使有一位哲人，在心裡看見人類將一塊巨石，來回往山頂上推，推上又滾下，滾下又推上，推上又滾下，最後是跟著筋疲力盡而歸於靜止。至於那塊石，究竟是在山上山下，我們去追問它，而都非要緊的問題了。主要的，是有一樣東西，使我們每個人總有一天，不能再去推動它。這都在在說出了「死亡」的威力。唯有感知到這種威力，才能了解里爾克爲什麼說出「死亡是生命的成熟」，以及我在「心靈訪問記」中喊出「生命最大的迴聲，是碰上死亡才響的」。

的確，死亡一方面形成人類精神存在的困境，一方面又以此來考驗與創造人類偉大且感人的智慧與思想，令使人類的內在世界更爲深沉與成熟。透過「死亡」，我清楚地看見人類生命活動在這三個層次上：

於存在的第一層次——我知道人活著，終於要被時空消滅掉。

於存在的第二層次——我知道人活著，被時空消滅過後，仍可設想從紀念館、百科全書、銅像與天堂裡復活了過來。

於存在的第三層次——我發覺他死了，紀念館、百科全書、銅像與天堂，它安慰的是我們。

透過這三個層次，我清楚地看見人類莊嚴的生命，一直活動在這個悲劇性的困境中，而這個使人類精神更顯示其偉大性的困境，它的製作人便是「死亡」。

註：關於人類精神所面對的這一個無限悲劇性的生存主題——死亡，在我長詩「死亡之塔」中，便是對它做了深入與多向性的判視。

一九七三年

談虛無

「現代！它那較一切都具有重量感的『虛無』，已日漸壓住人的呼吸，迫使人領略寂寞的沉痛的程度，已近似一顆子彈擊中心部，而心未死去，被擊者必須在半死裡忍耐地分辨出將彈頭取出時那些痛苦的顏色」，這是我對現代人悲劇生命進行解剖時，劃開的第一刀，從部位看來，似乎沒有開錯。現代哲學界奇才沙特也好像是在同一地方重重地劃了一刀，當然他劃開的裂口更大，也更能洞見其中的一切眞相。沙特說：「我必須生存，除此無他，但我日漸發覺它的不快」，從這二句話看來，如果我們的思想是敏捷與機智的，則便不難由此找到一個交叉口了，而且在那裡設下羅網，等待沙特的精神從四面八方投進來，最後我們來審判沙特的存在觀念仍是陷足在虛無的範圍內。試觀他強調必須生存的「必須」兩字，是多麼痛苦的字眼，與使人領略到何等強烈的悲劇性——在時空與死亡的不可逃避的空漠感裡，人既張目則「必須」活下去；在永恆與天國已逐漸隱退的迷失感裡，人既張目，則「必須」活下去；在炸彈與巴黎香水的幻滅裡人既張目則「必須」活下去。人除了活下去，不可奈何地活下去，人還能怎樣呢？因此「必須」兩字表面上看來，雖含有積極與肯定的意味，但骨子裡卻藏著一種令人心碎的強制性，使我們領會到有一種崩壞與否定的力量在其中蘊釀與發展著，終於在一個爆炸聲中，脅迫沙特去供認：作爲一個人存在於世是不幸的；所以當沙特的精神伴同他強烈生命的呼聲不斷地高昇的熱度，幾乎驟降到零下的狀態時，他便絕望地喊出來了：「最後我發覺它（生存）的不快」，此刻，如果我們慌忙地以此句話來指控沙特是虛無論者或是主張虛無的，那我們的控詞便全錯了；然而對於這位現代思想界的奇才，我們該如何稱譽他呢？若稱他爲偉大的沙特，則他的偉大處便是指認人終於活在絕境內的證據成立了，多麼難堪的恭維！但他畢竟把人一向不敢全然拉開的幕拉開了，讓我們在完全暴露的台景裡，清楚地看到人由實存世界的前門衝進去，當走到後門將門閂一拉時，「虛無」便似一陣強風從門縫裡襲進來，那時，人並沒有看到什麼奇蹟，也聽不出有所謂天國讚美的歌聲，而那些結在人類靈魂上的人造花也長不出根來，於是人在絕望中只看見海明威書中的老漁夫經過八十七天與空漠的海（生存界）撲鬥過後，很疲累地帶回一條被沙魚吃光的魚骨；只聽見法朗士說：「人生出來，受苦，然後死去」。由這一重大的啓示我們確實可抓牢沙特精神的重心了——他是一個與「虛無」博鬥得最頑強的英雄人物，但他最後仍是無可奈何的跌倒在虛無裡，正像一個救火員自己卻死在火中。顯然的，沙特的生存意識，在它的開始與過程都幾乎是肯定的，而結局仍是落空的。所以當你探究沙特的思想時，你如果是從他精神發展的終點著手，則你便很可能偏入韃韃主義者所感到幻滅的虛無世界裡去了，認爲生存是荒謬與沒有意義的；如果你是由沙特精神發展的開端著手，則你便很可能是接近他生存的意向了——沙特他雖預知人在最後都一樣是逃不出虛無的絕境的，但他在此刻仍呼喊人必須活下去。

可見沙特他主張存在思想其用意不在以那無法征服的「虛無」來嚇阻我們，從現在起便乾脆將生命的輪子取下來，將歲月的翅膀折下來，而是驚醒我們繼續不斷以行動去推開那由前面襲過來的虛無的氣流，正像尼采發現超人學說並非鼓動人去成爲專橫暴戾的拿破崙與希特拉；而是希望人去成爲高超與優越的智慧者，所以從沙特的存在精神中，我們不難分明出「虛無」它特殊的意識以及它同我們精神相處的距離了。

「虛無」——好像颱風發生在熱帶低壓區，它發生在現代人將慾望之火焚城的瘋狂的呼聲中。廿世紀後半葉，第二次世界大戰剛過去不久，人類受損害與絕望的心靈還沒有得到澈底的補償與復原，而都市的極度文明，既沒有幫助人類將日漸陰暗與虛空的生命內景轉好，反而把過去那些完整的精神田地與景物，給機械文明激怒的物慾之獸撞垮得如古羅馬的廢墟！此刻，人陷在時空、生存、死亡、戰爭、偉大、不朽、永恆、短暫、天國、靈與肉，罪與罰等這些重大問題所交錯的精神困境裡，唯一解脫的辦法，便是不去管它，也不去想它，同時使慾望的潮水借助都市文明的風暴，把上述的那些事物全部沖走，讓內在空漠與沉寂得像墳地一樣，精神便撤離那裡，並乘機抓住形而下的活動勢力，向虛無的世界進行一連串的逃亡！此刻我們對現代人所持的「虛無觀」作探究與批判，雖是件辣手且不討好的事，但由於它與現代人的精神，尤其是與現代的藝術思潮有著極密切的關係，是故我們能克服偏見，站在純正的理論觀點上，在此重新辨認與鑑定它的內容與意義，則顯然是件有價值的學術工作，且有助我們去了解現代人的生存問題。

在本文開始，已借用沙特的精神，首先將虛無的意識，略爲透露了一些輪廓，現在再來加以闡述與分析它。當我們聽見有人反對現代人或現代詩人與藝術家談論虛無時，我們一時仍不能斷定「反對」兩字是否用妥了，因爲仍要看談「虛無」的人究竟是怎樣談的，他所持的態度如何？他的精神重心在那裡？以及他對生命與時空感受力的深淺強弱等等，都是應該考慮到的。當然主張虛無主義是大有問題的，但完全否定虛無的氣氛正環繞著人類生存的空間流動，也是在說謊。韃韃主義所持的虛無觀，因它付不出較高的代價，也很少與沉痛的悲劇接觸，缺少莊嚴與持重的精神面，我們懷疑它向一切進行著太過輕易的否定。它不但把人類抓不牢的過去說是黑暗的墳，甚至把現在與未來也指爲不過是用光向人類招手的棺，它是在一怒之下毫不負責任的將地球像一隻皮球踢到深淵裡去，將「世界」殺死後便轉回來又把「自己」也殺掉的虛無論者，我們反對它那放任得如原始野蠻人的生存意向，更不同意它將生命的意義與價值全部予以否定；可是我們能用何理由來反對與抨擊卡繆的「異鄉人」與海明威的「老人與海」——那些被沉痛的悲劇所重重包圍住的「虛無」呢？它是超越了樂觀與悲觀精神之上，所架起的一個更高的精神的層次，是步入一個更爲深廣與冷寂的精神的萬有之源的靜境，是抓住了那令人更爲戰慄與驚贊的遼闊的精神世界，人在那遼闊得近乎空漠的精神世界裡流落與前進，便像是逃奔在風沙交加的沙漠裡，因此更能感知到生存的迫切感，領略到存在的寂寞感以及觸及莊嚴無比的悲劇，同時顯示出精神無比的密度與生命無比的潛力，在同漠然的時空撲鬥時，更產生特別感人的情景。此刻，一個現代人的內在，如果對它沒有體認與感應，我們雖不敢說這種人的性靈機能全然發生故障了，但至少我們可確定；凡是不正視年代與探究人類與宇宙相互活動的全部結局而所持的樂觀態度都是頗爲單薄與脆弱的，將它放在艾略特、卡繆與海明威的眼中，那不過像是一條輕快的溪流，雖也逗人喜愛，但它畢竟只佔住人類生存的一部份空間而非全部；但是「虛無」這一被悲劇注視下的存在，它卻像是那廣大深沉且充滿了幻變的大海，精神的狂潮巨浪常發生在那裡，當精神的航程遭遇到時，它在人心上所加的襲擊力確是夠大的，迫使我們感知那不凡的生命究竟不是用輕快的笑聲造成而往往是由沉痛的力量！面向著這情形，我們的論斷確是應該愼重的，才不致有所偏差與造成批評的罪過。我們當然不會贊同韃韃主義那近乎戲弄式的「虛無」，因爲他們患上了澈底的幻滅症，世界握在他們手中，好像是一隻玻璃杯握在一個頑童手裡，一切皆在等待著那隨時都會響起來的破碎的聲音；同時，我們也可順便漠視那群近乎是迷信上帝與天國的愚昧者，因爲他們接近無知，可是對於那被「虛無」意識打擊下的卡繆與擁有宗教思想的神父，他們的精神已成爲一嚴肅與超越的存在，我們將如何反對與阻擾他們？他們有其一已經過高度思考的自由存在的意境，他們確較那些手執住支票與名片而流露樂觀態度的人、更具有『人』的密度與濃度。人既可自由的活在樂觀裡，人爲何不能自由的活在悲觀裡呢？況且，造物一開始將人造在這個世界上，自古以來，悲觀與樂觀在人類生命整個活動的過程中，都永遠像是河流兩岸上的風景，互相對視著；而超越悲觀與樂觀之上所展佈的「虛無」精神，便像是那蒼茫飄渺的天空，在上面靜靜地往下俯視著，人類確不必爲此事憂懼，眞正憂懼的，還是因人類在生命的裡邊已失去對眞實與高超存在的覺醒性以及因思想內容的貧乏而造成精神與靈魂的白癡狀態。一個現代詩人或藝術家對於人的探究與注視，往往是盯住那些帶有籠罩性的精神威力，看它如何絕對地把「人」佔領？如何產生出與上帝同樣奇異的神秘感，而不僅是以筆去搖響人類的笑聲。事實上，當我們對這具有沉痛的悲劇性的「虛無」不夠了解或有所惡感或乃至盲目加以打擊時，則我們便很可能是在損壞或放走那裝在人體內的一部份優越的「人」的內容，同時也扼殺了現代藝術一部份雄厚的生機；但反過來，如果我們是沿著歲月之梯，帶著測探悲劇精神的沉痛，步入渾然的「虛無」之境，則我們便很可能因此成爲桑塔耶那藍色視境裡的生命樹，成爲上帝沉醉的人，成爲超凡精神的塑像，正如我們所尊敬的羅素與悲多芬一樣；羅素年青時曾企圖以理性去征服世界，但到了晚年，羅素說：「我羅素究竟在那裡，將何往？」這聲音確實比笑聲更成熟也更有力量，這聲音不但已達至了上帝所居住的地方，而且無形中也喊開了「虛無」世界之門，並驚醒人類深遠的思境，而且在人與宇宙萬物交互運動的總歸向上，形成精神的最高的建築。貝多芬年青時曾企圖以激情去征服世界，帶著「英雄」與「命運」交響樂在不可阻擋的衝向上前進，但接近晚年，他的「第九交響樂」爲何滲進了宗教的神秘性？爲何也以虔敬的樂音去碰響天國的鎖？爲何終於也接受了斯賓諾莎對於人的勸慰：「無窮際的遠景，鎮靜了我們激動的自我，使我們日漸安於限制我們前進目標的那些阻力」？由此看來，帶有悲劇性的虛無在某種精神意識下，不但不在我們的心靈中製造可怕的破碎的痛苦，反而在我們平靜與深沉的感受中，產生一種高超的「美」的力量；從羅素與悲多芬在晚年發出的心聲中去分析，他倆的精神在最後仍是墜入「虛無」的絕境的，其情況不同的地方，便是他倆將「虛無」原始的不安性、置入寧靜與容忍的心境中，使之平定下來，形成痛苦的默思與沉醉；而大多數現代人則相反地把「虛無」的不安性驅入慾望的瘋狂世界裡去，使之擴張，使之騷動，形成一種絕望的迷亂感。執住羅素與悲多芬作人證，我對人類精神進行化驗的結果：認定「虛無」仍是人類精神實在中的「實在」，是一種更莊嚴的人性表現，當人類懷著悲劇性不斷將它擁抱之際，那便也是詩人藝術家與哲學家注視下的「人」的內容，其濃度密度深度與廣度皆為最大的時候——它較在韃韃虛無觀下活動的「人」有份量，因為它逆水而上，把沉痛的「人」置在生存的上流，而韃韃是順水而下，把絕望與趨下的「人」擱在生存的下流；同時它較活在樂觀態度裡的「人」深沉，因為它通過虛無世界所引起的悲劇性，其力量是不斷深入心靈與向內聚集的，而樂觀的笑聲是飄昇與不斷向外散發的；最後它較活在悲觀態度裡的「人」更能把一切絕望與痛苦轉化入渾然的沉醉之境，而引起精神產生偉大的感覺。

由此而觀，如果我們的思想對事物確有高度的感悟性，精神活動也有深廣的天地，則我們便不致於否認那帶有悲劇性的「虛無」的存在了！除非我們瞎說時空死亡與現代物質文明的誘惑力給於人心的壓制是不關緊要的，事實上這種加在人心上的威力，當人在向神禱告時，仍躲避不了它，再加上現代物慾環境對人類性靈的極度損害，它究竟是屬於何種沉痛與苦悶的顏色？這已不只是贊成或否認的問題；而是不幸的事實已在所有醒覺與敏感的心靈中構成一連串『不安的存在』，使生命像浮在慾望的暴風浪中失去平衡感的孤舟。現代人已迫著在迷惘中去和『虛無』往來，此刻如果我們使用希望、信心、理想去對抗它，沙特的存在精神卻緊緊地跟在一切事實的後邊，像一面鏡直照過來，使那「不安的存在」在希望、信心、理想所編織的繡花被下睡不著，同時也把現代人的靈魂推入失眠的地帶那正如存在哲學家所公認的：「人活在上帝已死的世界裡，人愈知道自己，便變得愈壞，（這個壞字我認為是指心靈的遭遇，同作惡無關）」。人在時空、死亡、戰爭以及物質文明帶來的幻滅感所施的壓力下，已日漸感知心靈的行程是既逃不出困境，結果又深深地陷入絕境，而上帝的呼喚與天國的景象是漸形飄渺與遠逝了，銅像似乎也無力支撐住永恆——這便正是現代人所遭遇到的悲劇，人企圖從一切複雜性與集體性的層阻中逃回純粹的「自我」那裡去，結果在那自由得幾乎毫無障得的空漠裡，反而陷於孤立、空無與面臨幻滅：這不幸的慘景，正發生在生命深海極其沉寂的「虛無」地帶，較其那浮在生命海面上的笑浪確實來得強大與沉雄。且讓我在此使用輕鬆的比喻吧！如果說韃韃主義虛無精神論者所飲的是一杯劣酒，悲觀精神論者所飲的是一杯苦酒，樂觀精神論者所飲的是一杯甜酒或果汁，那麼超過樂觀與悲觀之上，而帶有悲劇性的「虛無」精神論者所飲的便是一杯高級的白蘭地或是威士忌了，冷藏在心靈的地窖裡，酒味何等醇濃！當精神的多種反射性能，灑落在人的心地上，一個作家尤其是一個現代作家，往往集中注意力去抓住的，便是那股在平靜中不斷地向內進行侵略與壓迫的強大的精神力量（它往往便是在沉痛中通過虛無的濃重的氣流）因為它去得最深最遠與具有絕對的懾服力，所以它也自然地使一個具有精神深度的作者與讀者特別嚮往了。

最後，讓我們在此再以嚴肅的態度指出：凡是帶有悲劇性的現代虛無精神——這一超過悲觀與樂觀的更高的精神層次，它確已成爲大部份現代藝術家與現代詩人一仰視的目標、一注視的焦點、一迷惑的方向，至於這現象，我們既用不著去強調它，但也不必閉上眼睛來否認它，此刻，它畢竟像一個低壓面在年代中移動着，逐漸壓住現代人的呼吸。我們雖不該跟著韃韃主義那群絕望與趨下的病狂者，嘶喊一切都在破滅的過程中，但以往那些活動在人類心靈中的永恆、希望與崇高的理想，確在現代物質文明的風險中，有逐漸失散的現象；而我們唯一能做的便是如沙特所說的：『必須順自己的處境活下去！』，在逃避不了的死亡的最後的審判之前，仍然鎮靜地想盡法子接近生命的痛苦與歡樂，並設法在與「虛無」相處時不被它擊倒；同時在通過它嚴酷的監視時，尙能攀住那股超過失望與希望之上的沉默的力量，去顯示出生存唯一的意義與價值——這唯一的意義與價值在我看來，便是產生在靈魂的雙目透過沉痛的內在之窗，在空漠與無望的生存絕境裡，沉靜地注視人與宇宙相互活動的全部結果之中。

一九六四年　藍星年刊

做為詩人對存在思想的看法

當西方存在思想，像一面鏡探視入人類眞實的生活世界與透視出人存在的眞貌時，如果它所透顯的，是美好的一面，我們便選擇性地接受它；如果是偏於灰暗與下沉的一面，則我們除了勇於面對且反抗它所透顯的那一切，更應該緊緊地抓住那生的上昇之光，使生命躍進入那更爲感人與莊嚴的高一層的存在。

羅門

做爲一個詩的創作者，對於目前正籠罩著整個西方的存在思想及其同現代文學的關係這一點，是應該有些意見與看法的。

存在思想認爲人的「思想」必須透過生存實境，方能看出它能否在人類的心靈中產生出那種可靠的帶動性的力量；方能看出它能否將生命與一切事物推入那確實的判視之焦點中，去做可靠的指認，這一點同其文學與藝術強調對眞實的心感活動予以把握與表現，確有相近似之處——兩者均是在尋求且確定生命與事物於存在與活動時之眞位與眞況。因此我們可以說，自古代的形而上哲學到近代的理性哲學到目前的存在思想（就生命哲學），哲學家思想與精神的活動趨勢，已是逐漸地偏向文學家與藝術家所處理的心理世界，它不但影響西方人的生存觀點，同時也或多或少地影響這一代（尤其是西方）作家的創作觀點——因爲作家的心感活動是首先必須通過生命與事物存在的「實性」與「眞性」，才可靠才不致於陷入虛幻之境，而這種「實性」與「眞性」，便正是存在思想家強調「實存」時，特別要在生命與事物中追找與求證的東西。

存在思想直接地要介入人生活的實境與實況中，去重新喚醒人對自己眞實生存中的世界之關心與注視，讓我們從眞實生活的本身去回視我們的思想，然後方確認到思想本身的眞實性，這一點確使人類圖抗拒它感到相當的棘手，因爲，它只是揭發那存在的事實，並非要我們屈服於那事實，於是，也許由於它要求作家必須確切地透過一切事物活動內向的「實感性」與「本質性」去建立可靠的審美角度，已顯示出對創作有某些好的反應，而使這一代尤其是西方的作家，普遍地在這方面接受它的某些好的影響，然而，我仍必須在此特別加以聲明：如果存在思想是像有些人所認爲的它是在強調或指使活著是無望的、虛無的、孤寂的、灰暗的、悲觀的，那我除了反對存在思想所強調的，同時也不敢相信西方的存在思想家對生存竟預先懷有如此消沉的想法。如果有人認爲存在思想是對人、對事物、對世界的存在，有了新的覺醒而產生新的觀物態度——企圖揭開一切籠統性的不夠眞實的觀念，對於生命所形成之遮蓋，而希求向一切之內在與外在去進行更嚴密的觀察與透視，以便從根本上找到一切個別存在的眞實性與特殊性——像這樣，將存在思想當做對生命對世界的一種眞實的「透露」，有如一面 **X** 光鏡，對準且透視出生命與一切在流轉的時空中之眞貌，我想任何人尤其是作家們是不會有什麼反對的，因爲一個作家在創造美的過程中，是必須先認定那美是眞實的。

同時我相信任何一種哲學思想，既有它好與不夠健全的地方，那我們應該是接受它好的地方。我們活著當然不願意看到存在思想如果揭發的是人類生存陷於窘迫灰暗與不幸的一面；可是我們如果活得夠堅定的話，我們則更應該勇於傾聽它究竟向人類生命傾訴了一些眞實的什麼；使我們透過存在的悲劇性而接觸到那更爲莊嚴的生之根源──像海明威的「老人與海」以及卡繆的「異鄉人」便是創作在這種帶有存在思想色彩的感人至深的悲劇氣氛中。我相信沒有人不厭惡那些對著人類生命投擲過來的灰暗與虛空的東西，而我們當中之所以有人偉大與不凡，就是因爲他能在醒覺中面對它、不逃避它、且能對付甚至轉化它帶來的痛苦，成爲生命的另一種新的光輝與另一種新的富足，正像孕婦生產前感到的痛苦是爲了另一個新的生命之誕生一樣。

其實「存在」兩字的基本意識對於整個人類來說，無論是在古今中外，是任何人都在無形或有形的追索著的主題，站在一個詩創作者的立場上，我雖非研究哲學的，但對於存在思想與現代文學的關係，我倒有一些自己的看法：由於存在思想已不再是那門關在圖書館內爲哲學而哲學的抽象觀念的學問，而是企圖直接地進入人類眞實生存的漩渦中，去抓住生命與事物存在與活動的眞境，來工作的一門屬於「臨床」實驗性的學問，因此它對於作家的知性與感性之活動能確切地進入生命與事物的核心與焦點位置，確是有相當的調整力的；可是一個文學創作者必須特別提防到，當存在思想往往像一面鏡在探向一切眞實生命的內層世界時，如果它所透視的種種實況，像上面已說過的，它並不如我們理想中所預定的那樣美好，有時甚至變壞得如海涅曼所說的：『近代人的懷疑與懷疑論轉向內的一面，落在人身上而因之引起絕望與空虛……』，則作家應該是堅定地站在詩人奈都夫人與音樂家悲多芬等人的精神防線裡去，「以詩的悲哀去征服生命的悲哀」；以樂觀的積極態度，去超越那灰暗的時刻。至少也應該拿出海明威與卡繆那種生命的魄力來，去轉化生命的悲劇性，成爲一種更爲嚴肅與偉大的存在之情境，而絕不能承認『人』註定是敗了，或下結論說人活著根本是無望的。一個作家能抱住這種態度不斷地活下去，寫下去，而且寫出不凡的生命與世界來，顯示出人類生存強大的意志，便也可說是在悲劇生命世界中的勝利者了。這種勝利必定是趨向永恆與不朽的；同時這也正就是存在思想家海德格心目中的英雄人物——在虛無中不斷追求實有，將人從無望中重新投入希望之中。

總之，對於存在思想強調任何人的思想，必須透過人生活中的實境之後，方能看出它的確實性可靠性，這一點確是任何作家在創造作品的完美性與眞實性的過程中，所不能忽視的；可是正視它，如果發覺它使人類的精神在時空中探索與活動已躲不開地陷入生存的困境時，我們雖然很難以一己的態度來代表說明大多數人的態度，但我總覺得做爲一個開發且建立人類內在世界的文藝工作者，最後是仍應該站在積極的生存意義上，對於人類生存遭遇到的難局，堅持住某些突破與超越的可能性才對，至少我是懷著這種信望的，這種信望，於施友忠教授在英譯「中國現代詩選」的導言中，談及我的創作精神時，獲到了印證：『對中國新詩人來說，寫詩是人生最嚴肅的一件事，羅門主張以詩來拯救人類於沙特所謂的虛無與絕望，此是他極爲個人的經驗，一個優秀的詩人，不僅只求表現情感或解釋外在世界，或甚至傳達思想，他更要深深地探索他自己的存在，尋求眞實的自我……』從這段話我想進一步來補充說明我對「存在」的看法：在那生的峰頂到死的峰頂之間，所連住的那條懸空的、使人類腳下感到顫抖與恐懼的單線上，無論我是仰視到了那生之壯麗的天空而發出驚讚，或是俯視到生之陰暗的深淵，而引起存在之震慄性；「詩」與「藝術」已永遠成爲我心靈勇敢地站在生之懸崖上，緊緊地抓住的那種穩固的平衡力，當我跨越那條顫抖的單線時，它便是我手中抓住的那把「傘」；這也就是說當存在思想向一切生命與事物之內層世界挖發出來的那些使人類逃避不了的『眞實』，無論它是美好的或是不美好的，是光輝的或是灰暗的，是快樂的或是痛苦的，詩與藝術都已指示且賜給我那種極爲神秘的巨大的力量，使我足以容忍它與接近它，甚至轉化與超昇它成爲一種感人的精神的『深度』，而探入且把握到生之根源；而在忘懷中感知「永恆」。

〔附〕本文原是應「文藝」主編吳東權先生在該刊闢專欄專談「存在思想」之約稿而寫的，我當時因赴菲出席世界詩人大會，擱了下來。這篇短文只是我做爲一個詩人，從存在思想與現代文學的關係這方面，發表一些淺見以及表明我一己對生存採取的基本態度。………

一九六九年

談『大師級』作家

前些日子，在現代詩社成立四十週年的盛會上，來自大陸的文學評論家李元洛先生說，在中國現代文學發展過程中，確有優秀與傑出的詩人作家，但尚未出現有『大師級』的詩人作家，可惜他說這話，未說出理由。

最近同一些至爲嚴肅的藝文朋友在一塊聊天，偶而也談到這些話題，都大多認爲確實具有世界觀與宏觀思想的『大師級』作家，仍未凸現，尚難確定。

雖然名詩論家李瑞騰教授在文訊七十九期將我與詩人洛夫稱爲『大師級』詩人；我一九八八年與林燿德赴北京大學演講，海報也寫上『歡迎臺灣詩壇大師羅門』以及詩人林燿德無數寫信與電話中都尊稱「羅門大師」等字樣，但我還是感到受之有愧，當作一種激勵，去做進一步的努力，是可以的。

由於文學尤其是詩，是一切存在具有超越性的價值判斷，故談到『大師級作家』這一至爲嚴肅的話題時，不能不愼重，與做深入的透視。

當我對這問題予以深入的思考，我認爲在中國大陸，由於政治長期掛帥，作家在創作中，最重要的自由想像世界，難免受到某些無形的限制，導致藝術創作思想、理念與表現策略，也受到可見的影響，而自然呈現出較約束、遲緩甚至閉塞與趕不上世界現代文學新思潮與發展的形勢，因而弱化了現代文學所特別強調藝術創作的前衛性與創新性，便的確同「世界級」的大師作家，缺乏緣份了。

至於臺灣方面，雖然受西方藝術思潮的沖激較直接且快速，能有利地引發具前衛性與創新性的創作理念，建立語言媒體與藝術表現技巧的新「運作」與「思維」空間，但難免因受現代物質過度文明以及功利社會多元化價値觀的襲擊，導致創作生命的專注、執著與全面投入的精神，尙嫌不夠，以及事實上，在思想與智慧的層面所展示的「淵博感」、「深厚感」與「龐大感」，也仍未呈現出確實夠成熟、夠穩定、夠壯觀的實質形態。這都應是使大家從眞正的藝術良知中，認爲「大師級」作家（包括其他的藝術家）的形象尙難確定的主要原因。

因而我相信對文學史或從事批評稍有見識與眼光的人士，都不難分辨那樣的作家，確具有「大師級」的實質，只是優秀傑出與現實上有名的作家，尙不能稱爲「大師」。基本上，「大師級」的作家，是勢必要面對並通過下面的層層驗證，方可能被認定的（除非另有人爲的「其他」標準）。

㈠他應該對創作具有專一與投入的精神，有經得起長時間考驗的創作心路歷程，並持之以恆，不中途退卻，以流露出對創作始終執著嚮往的近乎宗教性的虔敬情懷與誠摯的文學品格。

㈡他應該是一個具有大智慧、大才華、大思想與大心境的作家（因他是大師級）；而非只是具有某些聰明才識與有「相當」思想的作者。因爲後者只能達到相當傑出與優秀，同「大師級」尚有一段可見的距離；前者方有確實的實力基礎，可望在不斷的努力中，成爲「大師級」的作家。

㈢他應該是一個在創作上能同時掌握高層次的思想內涵力與美學理念的作家，並確實具有當代創作的前衛思想與創造精神。

㈣他應該在作品的「質」和「量」雙方面，均具有確實豐厚與相當輝煌可觀的成果，方能顯現出大師應有的實力與夠「大」的格局。

㈤他應該建立起一己獨特的創作理念、思想體系、風格與文學家純正的典範與形象，並具有啓導與顯著的影響力。

㈥他應該能使不少作品有或接近世界水準與不斷超越時空，並進入心靈深處引起永久的震撼與感動甚至呈現永恆的存在感。

㈦當然在做人方面，尚應該保時良知良能，有原則有是非感，不能做顚三倒四較社會上的市儈與小政客還惡劣的事，以便使文品與人品合一，盡力建立起文人好的品格，料必也是身爲「大師級」作家，不可忽視與應兼顧的，我們實難相信，只是作品好，而做人手段卑劣，能在「太陽光」下，呈現出被人類與歷史眞正重視的大師的形象？

「上帝」真的死了嗎？

在「現代」早就有不少人與作家跟著尼采說「上帝」已死；在「後現代」便有更多的人與作家，不但說「上帝」已死，甚至認爲沒有「上帝」這個名字；加上後現代學術界一些學者也這樣認爲，於是「上帝已死」這句話，便在大家都不夠深思的情形下流行了起來。尤其在高喊「只要我高興，有什麼不可以」的人的嘴中，更是朗朗上口。

上帝眞的死了嗎？那麼祂是如何死與死在那裡，也要把事實清楚的說出來。

當我們聽到尼采說「上帝已死」，我們也只能持懷疑的態度，即使我們同意尼采說此話的某些看法，就是人活著應對自我存在負起全部責任，不該把責任推給上帝，找上帝賜福與赦免。因爲人存在於世，造物一開始便在人體裡裝有一卷錄音帶與一卷錄影帶，人的舉一動，與說的話，都記錄在裡面，人離開這個世界時，自己是什麼都留在那條錄音帶與錄影帶上，那是上帝也無權更改的。既是如此，上帝的存在，已不重要，等於不存在，也等於死。但上帝是否眞的死了？或者只是被尼采冷落與軟禁在不讓人類接近與過問的地方，尚有待查證。

的確，當你抓住酒瓶，等於抓住上帝的後腿；抓住女人的玉腿，等於抓住天堂的支柱；當讓吃喝玩樂的呼聲，掩蓋了牧師禱告的聲音時，上帝即使不氣死，也不知跑到那裡去了；當炸彈在戰場上到處亂炸，肉彈在市場上到處亂爆，上帝既一直不在場，或視而不見、聽而不聞，便也等於不存在，或是張目的死了。在目前當大家都向錢與勢利看，往往缺乏良知、良能沒有原則與是非感；於是由政客、市儈與唯利是圖之徒，不擇手段地形成那個價值失落乃至無情無義、無信無德的存在空間，上帝既擠不進來，成爲多餘的局外人，便等於不存在，也等於死了。在急速的「輪印」與「腳印」裡，上帝的「芒鞋」進不來；在「安非他命」連續往「下」注射入人體，上帝握住教堂十字架的針筒向天「上」注射；當超出行動安全底線的青少年，將同班女同學強暴；飆車不過癮，尙沿途亂砍殺路人；當父親將兒子灌農藥再行亂刀砍殺；當一個大人將一個小孩活活從四樓摔下來洩恨！此刻「上帝」即使不死，也嚇得半死了。當賓館、酒廊、理容院、休閒中心、應召站等色情場所、在都市聯手明目張膽的強佔「教堂」的地皮，當「黑槍」舉得比「手」高，當「錢」帶著「眼球」滾動，「文化」有被「消化」打敗、「空靈」有轉變成「靈空」的趨勢，原來是最需要上帝降臨「靈」光的時候，而這些人的心靈之門卻反而深鎖，上帝既被拒於千里之外，對於這一大群人來說，便在根本上等於不存在，也等於死。

的確，上帝在許多時候、在許多特殊的生存環境與情況下，在許多人的心裡，是不存在與死了；但上帝在人類全部開放的視野與生存空間裡，是否都眞的不存在與死了呢？當然，最後的答案是否定的。

事實上我們發現在別些地方與另一些人的心中，上帝非但沒有死，而且活在人們崇高的敬仰與膜拜中，像音樂家李斯德、貝多芬與巴哈，像畫家米開蘭基羅、夏格爾與梵谷，像寫「失樂園」的作家米爾頓與「窗外有藍天」的小說家E.M.FOREST，像寫詩的艾略特與里爾克，像科學家愛因斯坦與愛迪生，像哲學家康德與桑塔亞娜，像美國不少政治領袖……等，都幾乎是上帝虔誠的信徒。尤其是當我們不信上帝的人，帶著客觀與容忍的態度走進教堂，看牧師以有說服力的思想，對台下數百教友講道，其中有社會名流、成功的大企業家、高學歷的學者以及大衆，都全心全意的傾聽與跟著牧師禱告，那至爲感人的誠摯的情景，如果我們硬說「上帝已死」，已不存在，則對他們的確有心信上帝的人，是不公平的，而且霸道與有違事理，尤其是在後現代有各說各話的自由，怎能不讓他們也選擇有上帝存在的看法，而且目前持這樣的看法，對於後現代過度自由放縱道德淪落失控所形成社會環境的亂象與劣質化，已達到電視近年來一連串播放的驚世駭俗的可怖情形，是否反而覺得他們這一群持信上帝的存在，的確是對目前社會的敗壞與歪風有拯救與改善的作用與影響力呢？至少眞心信上帝的人會變好，不會變壞。

「詩眼」七視

我深信人活著，能有「詩眼」賜給的七種視力，來看一切，則人到世界上來，應是有可觀的收穫，不至於白來了。

第一視：環視——看不見範圍

的確人活著，能有無限的開放的視野，將世界展開到大而無外的境域，則便能擁有無限自由與開闊的生存空間，去觀看更多美好與卓越的事物。

先不用說，那些企圖拿到造物通行證的詩人與藝術家，必須首先要具有「環視——看不見範圍」的那種不受框限的超越的視力與視境；就是在我們的生活中，要找一個理想的愛人，也應在「環視——看不見範圍」的開放的大地方去找，方可能有更多好的選擇機會，若只在一個狹小的地方找，勢必會失去其他許多選擇的好機會，而難免有所遺憾了。

可見第一視的「環視」，等於是把窗打開來，使世界海闊天空，一望無際，讓眼睛像是飛在天空裡而不是關在籠裡的鳥，能看到許許多多精彩與美好的生命景象。

所以「環視——看不見範圍」，便近乎是當代藝術大師畢卡索所採取的三百六十度掃描的全面觀察；也就是說人活著要有開闊的世界觀的視野。

第二視：注視——使一切穩住不動

由於人活著，不能沒有自己最佳的選擇，於是在第一視打開的無限視野，所呈現的無數美好的對象中，便不能不透過自己的審視與判斷，進一步去專一的「注視」與抓住其中最美的一個。如果是不經心的亂抓或錯抓，結果便是抓不到什麼好的，只好讓美好的世界，從眼睛中溜走。

可見第二視的「注視」是要我們在三百六十度「環視」的視境中，把找到的最精彩與醒目的世界，放在專注的眼睛中來看。這也就是說，人活著，無論是愛上一個人，愛上詩與藝術或愛上世界上任何的東西，都應該以「注視」所呈現的那種專注與專情的目光，來看待它們。

第三視：凝視——焚化所有的焦點

當我們在「環視」所展現的衆多美好對象中，選出最美的一個來加以「注視」之後，尚須深入其內層的核心世界，去「凝視」其本質的美，而不能只停留在「注視」所看到的表象的美的層次上。否則，便不會把握到確實具有內涵與深度的美的存在。

像一個貌美而內心空乏、思想低俗的女人，一首只有美麗詞藻而沒有意涵的詩，一幅只有漂亮顏色而沒有美感內容的畫……等，都同樣是空心的，沒有美的實質；都勢必被那特別具有穿透力的「凝視」看穿。

可見第三視的「凝視」，是觀察力集中成一種具有銳利穿透力與高見度的視力，像打火機，能擊亮一切內層世界的核心與著火點，而顯示出本質與眞實的美的存在。

因而人類的眼睛，怎能沒有「凝視」這樣的一種沈入一切存在的寧靜世界之底，去盯住本質存在不放的視力呢？

第四視：窺視——點亮所有的奧秘

由於人類生存的世界與宇宙，隱藏著無數的奇異與奧秘的一切，而「窺視」正是進入「奧秘礦區」最好的探照燈；而且也只有「窺視」的視覺形態，能相配合與微妙的透露出一切存在的「奧秘」的樣子。所以「窺視」，也是人活著，觀看事物、生命與世界，不可缺的一種特異的視覺形態。

當然「窺視」並非叫我們去偷看女人洗澡，因爲那不免格調太低了；如果是覺得不直接，改從鏡子裡偷看美女的臉，會多出一些神秘感，尙可以。最好是使「窺視」多用在夢幻的世界與朦朧美的詩境，那裡確藏有生命較多的奧秘與神秘，需要「窺視」來點亮。

第五視：仰視——再也高不上去

由於在我們的頭頂上，有銅像、有十字架，有不斷激引人類生命向上超越的尼采；同時字典中，也有偉大、崇高、神聖、永恆以及歌頌、讚美、崇敬與仰慕等字彙，便使我們的眼睛不能不向上「仰視」。

在「仰視」中，我們的確看到支持人類不斷向上昇越、突破與創造的龐大生命力，而積極的活在有理想有信望與有爲的樂觀思想中，隨著貝多芬的「英雄交響樂」那不可阻擋的沖激力向前邁進。

但當這種邁進，達到高峰，不能再高上去時，而人的個體生命畢竟又是有限的，最後便只好在心臟停止跳動時，跟隨著西方神話中的西息弗斯（SYSIPHUS）推上山頂的石頭一同滾下來，把向上看的「仰視」很自然的改爲低下頭來向下看的「俯視」。

第六視：俯視——讓整個世界都跪拜下來

的確，當我們飛到三萬呎高空，瞭望著茫無邊際與壯觀的宇宙，眼睛便不能不虔誠的跪下來看；當我們看到一個大將軍，躺在醫院病床上，望著衣架上自己的軍裝，排滿了勳章，像一排排石級，也曾威風的一級一級的踩上去。如今，他的心臟已較往下滴的點滴還緩慢與無力，他與歲月已一同累倒在加護病房的氣管裡，此刻生命與世界能不低下頭來「俯視」？同樣的，當我們看到一個病危的富豪，被推進他自己開的醫院裡，雙目無力的望著窗外一家家的銀行招牌，再大額的存款對他也只是一堆數字，即使他的經紀人一再用安慰的口吻向他說：「老闆！你放心靜養，你的支票本最後的數目字，已可買下這座城市……你是成功的企業家」，但這些話，聲音也一樣像滴下的點滴般微弱，他的眼睛已如靜候最後一班夜車進來的車站，生命與世界又怎能不低下頭來「俯視」？

同時也迫使我們深一層的覺悟到：於生存的第一層次上，人活著，終於要被時空消滅掉；於存在的第二層次上，人被時空消滅，雖尚可從花圈、銅像、紀念館與天堂裡復活過來；但於存在的第三層次裡，他死了，我們發覺花圈、銅像、紀念館與天堂安慰的是我們。他閉目離去，太陽究竟從那裡昇起來，他也搞不清楚了。難怪詩人里爾克，在詩中寫的「時間我如何俯身向你」的「俯」字，讓全世界的哲學家，都不能不沉思一輩子，也讓人類都不能不把眼睛從高高的「仰視」變成虔誠的「俯視」，來看生命與世界了。

第七視：無視——從有看到無，從無看到有

的確當數不清的光線、視線、航線與畫家手中畫來畫去的線條，到最後都歸入那條似「有」似「無」的水平線。在線之內，是波濤洶湧的「有」；在線之外是虛無縹緲的「無」。人與世界總是自始至終，一同站在這條神秘的水平線上，一再默唸著王維「江流天地外，山色有無中」這兩句詩裡的「有中之無」與「無中之有」，到最後都勢必對存在有所覺知與深悟了。原來人活著，來與去，都一直是在大自然生命龐大的結構中，至於是有是無，都得靠你「無視」勝有視的慧眼來看與用心去悟了。